**CAN I BE SURE I'M SAVED?**

**CAN I BE SURE I'M SAVED?**
by R.C. Sproul

Copyright © 2010 by Reformation Trust Publishing a division of Ligonier Ministries,
under the title *Can I Be Sure I'm Saved?* (The Crucial questions series)
Translated by the permission of Ligonier Ministries
through arrangement of rMaeng2, Seoul, Republic of Korea.

All rights reserved.

This Korean Edition Copyright © 2012 by Word of Life Press, Seoul, Republic of Korea.

본 저작물의 한국어판 저작권은 알맹2 에이전시를 통하여
Ligonier Ministries와 독점 계약한 생명의말씀사에 있습니다.
신저작권법에 의하여 한국 내에서 보호받는 저작물이므로
무단 전재와 무단 복제를 금합니다.

# 구원의 확신
ⓒ **생명의말씀사** 2012

2012년 12월 15일  1판  1쇄 발행
2024년  8월 27일         7쇄 발행

펴낸이 | 김창영
펴낸곳 | 생명의말씀사

등록 | 1962. 1. 10. No.300-1962-1
주소 | 서울시 종로구 경희궁1길 6 (03176)
전화 | 02)738-6555(본사)·02)3159-7979(영업)
팩스 | 02)739-3824(본사)·080-022-8585(영업)

기획편집 | 전보아, 김정주
디자인 | 윤보람
인쇄 | 영진문원
제본 | 보경문화사

ISBN 978-89-04-16409-7 (03230)

저작권자의 허락 없이 이 책의 일부 또는 전체를
무단 복제, 전재, 발췌하면 저작권법에 의해 처벌을 받습니다.

# 구원의 확신

**CAN I BE SURE I'M SAVED?**

R.C. 스프로울 지음 | 조계광 옮김

## CHAPTER 1  확신에 관한 논란 · 11

"주여, 주여"의 의미 13
구원의 확신에 관한 문제 17
씨 뿌리는 자의 비유 20
열매가 없다면 참 신자가 아니다 27

## CHAPTER 2  네 종류의 사람들 · 35

구원받았고 그것을 아는 사람 37
구원받았고 그것을 모르는 사람 39
구원받지 못했고 그것을 아는 사람 45
구원받지 못했고 그것을 모르는 사람 48

## CHAPTER 3  거짓 확신 · 55

모든 사람이 구원받는다? 57
행동을 통한 의로 구원받는다? 61
교회나 성례를 통해 구원받는다? 70

CHAPTER **4 참된 확신에 이르는 길** · 77

선택의 확신을 추구해야 한다  79
하나님은 믿는 자를 미리 선택하셨다?  82
구원의 순서  88
내적 소명과 확신의 관계  94


CHAPTER **5 온전한 확신의 근원** · 101

예수님을 사랑하는가?  105
중생에 관한 잘못된 견해  109
성령의 보증  112
왕이신 하나님의 인장  115
성령의 내적 증언  117


**저자 소개**  R.C. 스프로울은 누구인가? · 122

"나더러 주여 주여 하는 자마다
다 천국에 들어갈 것이 아니요
다만 하늘에 계신 내 아버지의 뜻대로
행하는 자라야 들어가리라."

마태복음 7:21

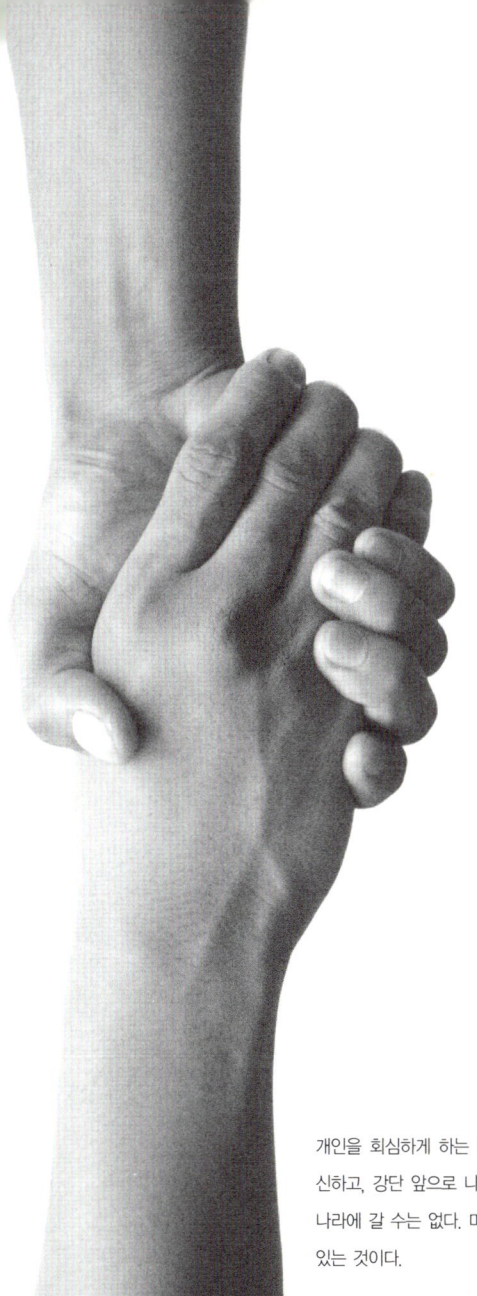

CHAPTER **1**
# 확신에 관한 논란

개인을 회심하게 하는 것은 인간의 결심이 아니라, 성령의 능력이다. 결신하고, 강단 앞으로 나가고, 손을 들고, 카드에 서명하는 것으로 하나님 나라에 갈 수는 없다. 마음속에 참 믿음이 있어야만 하나님 나라에 갈 수 있는 것이다.

CHAPTER 1
# 확신에 관한 논란

가장 두려운 성경 말씀 가운데 하나를 신약성경에서 발견할 수 있다. 바로 산상설교의 마지막 부분에 있는 예수님의 말씀이다. 우리는 산상설교가 주님의 긍정적인 교훈을 담고 있다고 생각하는 경향이 있다. 물론 산상설교에서 주님은 "심령이 가난한 자는 복이 있나니…애통하는 자는 복이 있나니…온유한 자는 복이 있나니…"마 5:3-12라고 말씀하시며 팔복을 가르치신다. 예수님은 산상설교 때문에 부정적인 교훈보다는 긍정적인 교훈을 강조하신 설교자라는 평판을 얻으셨다.

그러나 우리는 산상설교의 대미를 장식하는 말씀을 종종 간과하곤 한다. 예수님은 이렇게 말씀하셨다.

"나더러 주여 주여 하는 자마다 다 천국에 들어갈 것이 아니요 다만 하늘에 계신 내 아버지의 뜻대로 행하는 자라야 들어가리라 그날에 많은 사람이 나더러 이르되 주여 주여 우리가 주의 이름으로 선지자 노릇 하며 주의 이름으로 귀신을 쫓아내며 주의 이름으로 많은 권능을 행하지 아니하였나이까 하리니 그때에 내가 그들에게 밝히 말하되 내가 너희를 도무지 알지 못하니 불법을 행하는 자들아 내게서 떠나가라" 마 7:21–23.

예수님의 말씀은 마지막 심판을 예고한다. 예수님은 사람들이 자기를 '주'라고 부르며 그 앞에 나올 것이라고 말씀하셨다. 그들은 예수님께 "주님, 저희가 주님의 이름으로 놀라운 일을 많이 행했습니다. 저희는 주님을 섬겼습니다. 주님의 이름으로 말씀을 전하고, 귀신들을 내쫓았습니다. 저희가 그 모든 일을 했습니다."라고 말할 것이다. 그러나 예수님은 "내게서 떠나가라."고 단호히 말씀하실 것이다. 그분은 단지 "나는 너희를 모른다."고만 하지 않으시고 "불법을 행하는 자들아, 내가 너희를 도무지 알지 못한다."고 말씀하실 것이다.

이 두려운 경고의 말씀 가운데 특별히 중요한 대목은 그 첫 부분, 곧 "나더러 주여 주여 하는 자마다 다 천국에 들어갈 것이 아니요"라는 말씀이다. 예수님은 "그날에 많은 사람이 나더러 이르되 주여 주여" 할 것이라고 말씀하셨다.

### "주여, 주여"의 의미

성경에서 누군가의 이름이나 칭호를 거듭 반복해서 일컬은 사례는 모두 합쳐 열다섯 번뿐이다.

그중 몇 군데를 예로 들면 다음과 같다.

- 아브라함이 모리아 산에서 칼로 그의 아들 이삭의 가슴을 찌르려는 순간에 하나님이 주의 사자를 통해 그에게 "아브라함아 아브라함아…그 아이에게 네 손을 대지 말라" 창 22:11-12고 말씀하셨다.
- 야곱이 애굽에 내려가기를 두려워하자 하나님은 "야곱아 야곱아" 창 46:2라고 부르시며 그에게 확신을 심어 주셨다.
- 하나님은 호렙 산의 불붙은 떨기나무에서 모세를 향해 "모세야 모세야" 출 3:4라고 말씀하셨다.
- 하나님은 한밤중에 "사무엘아 사무엘아" 삼상 3:10라고 어린 사무엘을 부르셨다.
- 예수님은 베다니에서 마르다를 꾸짖으시며 "마르다야 마르다야" 눅 10:41라고 부르셨다.
- 예수님은 예루살렘을 바라보시며 "예루살렘아 예루살렘아 선지자들을 죽이고 네게 파송된 자들을 돌로 치는 자여 암탉이 제 새끼를 날개 아래에 모음같이 내가 너희의

자녀를 모으려 한 일이 몇 번이냐 그러나 너희가 원하지 아니하였도다" 눅 13:34라고 탄식하셨다.

- 베드로는 매사에 자만심이 강했다. 예수님은 그런 그를 향해 "시몬아, 시몬아, 보라 사탄이 너희를 밀 까부르듯 하려고 요구하였으나" 눅 22:31라고 말씀하셨다.
- 예수님은 다메섹으로 가는 길 위에서 사울에게 나타나시어 "사울아 사울아 네가 어찌하여 나를 박해하느냐" 행 9:4 라고 말씀하셨다.
- 성경에서 이름을 반복한 사례 가운데 가장 눈에 띄는 말씀은 예수님이 십자가에서 "나의 하나님, 나의 하나님, 어찌하여 나를 버리셨나이까" 마 27:46라고 부르짖으신 말씀일 것이다.

드물게 나타나는 이 히브리어 문장 구조는 매우 의미심장하다. 이름이나 호칭을 거듭 되풀이하는 것은 상대방과의 관계가 친밀함을 암시한다.

따라서 앞에 인용한 예수님의 산상설교는 마지막 날에

사람들이 단지 "주님, 저희는 주님의 것입니다. 저희는 주님께 속한 자들입니다."라고만 말하지 않고, 특별히 친근한 사이인 것처럼 말할 것이라는 의미를 지닌다. 그들은 마치 그분을 인격적으로 깊이 알고 있는 것처럼 "주여, 주여"라고 부를 것이다. 그러나 그들이 그런 친밀함을 드러내더라도 예수님은 "내가 너희를 도무지 알지 못하니 불법을 행하는 자들아 내게서 떠나가라"고 말씀하실 것이다.

예수님의 말씀은 겉으로는 그리스도의 이름을 내세우고 '주님'이라는 고귀한 호칭으로 그분을 일컬으며 신자를 자처하더라도, 실상은 하나님 나라에 속하지 않은 사람들이 많을 것이라는 사실을 암시한다. 그들은 그리스도께 속하지 않았기 때문에 마지막 심판을 견디지 못할 것이다.

두려운 사실은 그들이 교회 주변을 어슬렁거리는 사람들이 아니라, 훌륭한 신자라는 평판을 들으며 교회의 삶과 사역에 깊숙이 참여하는 사람들이라는 것이다. 그러나 예수님은 그런 사람들을 모른다고 하시면서 자기 앞에서 쫓아내실 것이다.

내가 이 소책자를 시작하면서 이런 말을 하는 이유는 기독교인으로서 신앙을 고백할 때 반드시 우리 자신을 향해 이런 질문을 던져야 한다고 생각하기 때문이다.

"내가 마지막 심판의 날에 천국에 들어갈 줄 생각하고 그리스도를 친밀하게 일컫지만, 결국은 그 앞에서 쫓겨날 수밖에 없는 사람들 가운데 속해 있지는 않을까?"

"내가 은혜의 상태에 있다는 자신감이 혹시나 잘못된 것은 아닐까? 내가 나를 기만하지 않았다는 것을 어떻게 알 수 있을까?"

### 구원의 확신에 관한 문제

구원의 확신에 관한 문제는 오랫동안 교회 내에서 많은

논란을 일으켜 왔다. 심지어 많은 교회가 구원의 확신이 가능하냐는 말까지 거론하기에 이르렀다.

로마 가톨릭 교회는 16세기에 트렌트 종교회의에서 "극히 드문 경우를 제외하고는 구원의 확신이 불가능하다."라고 주장했다. 그들은 이 세상에서 구원을 확신할 수 있는 사람은 하나님이 특별한 계시를 통해 구원받은 상태에 있다고 알려 주신 몇몇 성인뿐이라고 가르쳤다. 그들은 일반 신자들은 구원을 확신할 수 없다고 믿었다.

로마 가톨릭 교회는 '확신'은 성경이 거짓이 가득하다고 일컫는 인간의 부패한 마음에서 비롯된 추측과 견해와 개념에 근거할 때가 많다고 결론지었다. 그들은 인간의 마음이 "거짓되고 심히 부패했다"렘 17:9는 성경 말씀을 근거로 영혼의 상태에 관한 우리의 확신이 한갓 인간의 잘못된 견해에 근거한 자기 기만일 가능성이 높다고 강조했다. 그들은 구원의 확신은 하나님의 특별한 계시가 없는 한 절대 있을 수 없다고 주장했다.

로마 가톨릭 교회만 구원의 확신을 부인한 것은 아니었다. 일부 개신교 신자들도 오늘 구원을 확신했다가 내일 그 확신을 잃을 수도 있다고 믿었다. 그들은 한때 믿음이 있었더라도 믿음을 버리고 구원을 상실할 가능성이 있다고 생각했다. 이것이 바로 역사적으로 구원의 확신 교리가 성도의 견인 교리와 밀접한 관계를 맺게 되었던 이유다.

로마 가톨릭 교회는 구원을 확신하는 것이 불가능하다고 주장했고, 일부 개신교 신자들은 한시적으로만 구원을 확신할 수 있을 뿐 궁극적인 상태가 어떻게 될지는 알 수 없다고 생각했다.

그와는 대조적으로 내가 믿는 개혁주의 신학은 우리가 현재 은혜의 상태에 있다는 것만이 아니라, 사후에도 여전히 은혜의 상태에 있을 것이라는 온전한 확신이 가능하다고 가르친다.

### 씨 뿌리는 자의 비유

예수님은 씨 뿌리는 자의 비유를 통해 진정으로 구원받은 사람과 그렇지 못한 사람에 관해 분명한 가르침을 베푸셨다.

"그날 예수께서 집에서 나가사 바닷가에 앉으시매 큰 무리가 그에게로 모여들거늘 예수께서 배에 올라가 앉으시고 온 무리는 해변에 서 있더니 예수께서 비유로 여러 가지를 그들에게 말씀하여 이르시되 씨를 뿌리는 자가 뿌리러 나가서 뿌릴새 더러는 길가에 떨어지매 새들이 와서 먹어 버렸고 더러는 흙이 얕은 돌밭에 떨어지매 흙이 깊지 아니하므로 곧 싹이 나오나 해가 돋은 후에 타서 뿌리가 없으므로 말랐고 더러는 가시떨기 위에 떨어지매 가시가 자라서 기운을 막았고 더러는 좋은 땅에 떨어지매 어떤 것은 백 배, 어떤 것은 육십 배, 어떤 것은 삼십 배의 결실을 하였느니라 귀 있는 자는 들으라 하시니라" 마 13:1-9.

이 유명한 비유는 문맥을 파악하는 것이 매우 중요하다. 예수님이 이 비유를 가르치시기 전에 누군가가 "보소서 당신의 어머니와 동생들이 당신께 말하려고 밖에 서 있나이다"마 12:47라고 말했다.

그러나 예수님은 "누가 내 어머니이며 내 동생들이냐" 48절라고 대답하셨고, 제자들을 가리키시며 "나의 어머니와 나의 동생들을 보라 누구든지 하늘에 계신 내 아버지의 뜻대로 하는 자가 내 형제요 자매요 어머니이니라" 49-50절라고 말씀하셨다. 이 말씀은 단지 예수님을 따르겠다고 결심한 사람이 아니라, 하나님의 뜻대로 하는 사람이 그분의 참 형제라는 뜻을 담고 있다.

가룟 유다에게 제자가 되라고 강요했던 사람은 아무도 없었다. 그는 스스로 예수님을 따르기로 선택했고, 예수님의 학교에 입학하기로 결정했다. 그는 예수님의 공생애 3년 동안 그분과 함께 머물렀다. 그러나 예수님은 그를 '마귀'라고 부르셨다요 6:70. 유다가 진정으로 회개했는데도 구원 은혜를 잃고 멸망한 것이 아니었다. 그는 예수님과 가까이 있었으면서도 회개하지 않았다. 우리도 우리 영혼의 상태를 진지하게 생각해 보는 시간이 필요하다.

예수님은 씨 뿌리는 자의 비유를 가르치시고 잠시 뒤에 그 의미를 설명하셨다. 비유의 설명이 주어진 것은 복음서에서 매우 이례적인 경우에 해당한다. 예수님의 설명은 매우 유익하다. 왜냐하면 이 비유는 일반적인 비유와 다르기 때문이다.

대부분의 비유는 한 가지 요점을 가르친다. 따라서 비유를 풍유알레고리로 바꿔 모든 비유적 표현에 상징적 의미가 담겨 있는 것처럼 이해하는 것은 매우 위험하다. 그러나 예수님의 설명을 보면 씨 뿌리는 자의 비유는 다양한 의미를 담고 있는 풍유에 가깝다.

예수님은 "그런즉 씨 뿌리는 비유를 들으라 아무나 천국 말씀을 듣고 깨닫지 못할 때는 악한 자가 와서 그 마음에 뿌려진 것을 빼앗나니 이는 곧 길가에 뿌려진 자요"

마 13:18-19라는 말씀으로 설명을 시작하셨다.

예수님이 언급하신 첫 번째 종류의 씨앗은 '길가에 떨어진 씨앗'이다. 고대의 농부들은 파종 시기가 되면 씨앗을 먼저 뿌리고 나서 흙을 갈아엎었다. 따라서 길 위나 길가에 떨어진 씨앗들은 갈아엎은 흙 속에 들어가지 못했다. 딱딱한 땅 위에 있는 씨앗들은 뿌리를 내릴 수가 없었기 때문에 새들의 먹이가 되고 말았다. 예수님은 새들을 사탄에 빗대셨다. 그런 씨앗과 같은 사람들이 많다. 그런 사람들은 복음의 말씀을 듣지만 아무런 영향도 받지 않는다. 복음은 그들의 삶에 뿌리를 내리지 못한다.

예수님은 "돌밭에 뿌려졌다는 것은 말씀을 듣고 즉시 기쁨으로 받되 그 속에 뿌리가 없어 잠시 견디다가 말씀으로 말미암아 환난이나 박해가 일어날 때에는 곧 넘어지는 자요"20-21절라고 계속 설명을 이어 가셨다.

전도 집회에 직접 가보거나 텔레비전에 중계되는 전도 집회를 지켜보면, 수많은 사람이 복음 초청을 받고 강단 앞으로 줄지어 걸어 나가는 광경을 볼 수 있다. 나도 전에 거대한 규모의 국제전도 집회에 관한 보고서를 읽어 본 적이 있다. 당시 결신자가 수백만 명에 이르렀다고 한다.

그 보고서를 읽으면서 결신자 가운데 진정으로 회심한 사람들과 겉으로만 회심한 척하는 사람들이 각각 얼마나 될지 궁금한 생각이 들었다. 사람들은 그런 집회에 참석해 말씀을 들으면 쉽게 감동을 받고 그리스도를 따르겠다고 결심한다. 그러나 전도 집회에서 믿음을 고백한 사람들 가운데 대다수가 곧 마음을 바꾸고 돌아선다는 것은 널리 알려진 사실이다. 순간의 충동에 의한 그들의 믿음은 뿌리가 없는 것으로 드러날 때가 많다.

전도 집회의 성공에 관한 보고서를 혹평하고 싶은 생각은 조금도 없다. 단지 다양한 복음 전도 사역 단체들이 사역의 효율성을 측정할 때 상당한 문제를 안고 있는 듯한 생각이 들었을 뿐이다. 교회는 대개 교인들의 숫자나 일정 기간 동안 이루어진 그들의 성장도를 토대로 효율성을 측정한다. 그와는 대조적으로, 복음 전도 사역 단체는 손을 들고 강단 앞에 나와 카드에 서명하거나 기도를 드리는 사람들의 숫자로 효율성을 측정한다. 이들 사역 단체는 통계를 이용해 사람들의 반응을 측정한다.

그렇다면 영적 현실은 과연 어떻게 측정해야 할까?

복음 전도에 참여해 온 사역자들은 사람들의 마음을 들여다볼 수 없기 때문에 결신자 숫자를 세는 것이 가장 좋다고 생각한다. 그러나 예수님은 씨 뿌리는 자의 비유를 통해 기쁨으로 복음을 받아들이는 사람들 가운데 믿음을 끝까지 지키지 못하는 사람이 많다고 가르치셨다.

이 두 번째 종류는 '돌밭에 떨어진 씨앗'이다. 그곳은 흙이 얇기 때문에 씨앗이 뿌리를 깊이 내리지 못하고 해가 뜨면 바로 시들기 시작한다. 그 씨앗은 열매를 맺지 못하고 결국 죽고 만다. 예수님은 신앙의 길에 필연적으로 뒤따르는 시련과 박해 때문에 많은 사람이 믿음을 버리게 될 것이라고 암시하셨다.

예수님은 세 번째 종류의 씨앗을 설명하면서 "가시떨기에 뿌려졌다는 것은 말씀을 들으나 세상의 염려와 재물의 유혹에 말씀이 막혀 결실하지 못하는 자요"마 13:22라고 말씀하셨다.

마지막으로, 예수님은 "좋은 땅에 뿌려졌다는 것은 말씀을 듣고 깨닫는 자니 결실하여"마 13:23라고 설명을 마무리하셨다.

결국 복음을 기쁨으로 받아들이지만 믿음을 끝까지 유지하지 못하는 사람들이 많다는 사실이 분명해진다. 하나님의 말씀을 듣는다고 해서 모두가 다 구원받는 것은 아니다. 처음에 복음에 반응을 보인 사람들의 경우도 마찬가지다.

진정으로 구원받은 사람은 말씀을 행하는 사람이다. 씨앗이 뿌리를 내려 성장해야만 비로소 열매를 맺을 수가 있는 것이다.

### 열매가 없다면 참 신자가 아니다

열매의 필요성을 생각하기 전에 먼저 행위로 구원받는 것이 아니라는 점을 분명히 기억해야 할 필요가 있다. 우리는 오직 믿음으로 의롭다 하심을 받는다. 그러나 권위 있는 16세기 종교 개혁자들(예를 들면, 마르틴 루터)은 오직 믿음으로 구원받지만 믿음만으로는 아니라고 말했다.

이 견해는 로마 가톨릭 교회의 구원론과 정면으로 충돌한다. 로마 가톨릭 교회는 의롭다 하심을 받으려면 믿음도 있어야 하고 또 행위도 필요하다고 주장했다. 그들은 믿음에 행위를 더하는 것이 구원이라고 가르쳤다. 이에 비해 개신교는 칭의에 행위를 더하는 것이 믿음이라고 가르쳤다.

- 로마 가톨릭 교회의 견해: 믿음 + 행위 = 칭의
- 개신교의 견해: 믿음 = 칭의 + 행위

개신교의 견해에 따르면, 행위는 우리가 은혜의 상태에 있다는 사실을 보여 주는 결과다. 그들은 칭의에 아무것도 보태지 않는다. 죄인을 의롭게 하는 유일한 의의 행위는 그리스도의 행위뿐이다. 따라서 오직 믿음으로 구원받는다는 것은 오직 그리스도와 그분의 행위로 의롭다 하심을 받는다는 것을 의미한다. 우리의 행위는 우리의 칭의에 아무런 영향을 미치지 못한다.

"그렇다면 아무 열매도 맺을 필요가 없겠군요. 믿음으로만 구원받는다면 더 이상 의로운 행위는 필요하지 않을 것 같아요."라고 말할 사람이 있을지 모르겠다. 그러나 야고보가 가르치고 약 2:26, 루터가 주장한 대로 의롭게 하는 믿음은 죽은 믿음이 아닌 '살아 있는 믿음' *fides viva*이다. 우리를 그리스도께 인도하는 참 믿음은 항상 행위를 통해 그 실체를 입증한다. 등식의 오른쪽에 행위가 없다면, 이는 등식의 왼쪽에 믿음이 없다는 뜻이다. 등식의 왼쪽에 믿음이 없다면, 등식의 오른쪽에 칭의도 있을 수 없다.

믿음은 우리를 그리스도와 연합시킨다. 참 믿음의 소유자는 마지막 날에 "주여, 주여"라고 불렀다가 그리스도께로부터 "불법을 행하는 자"라는 소리를 듣는 수모를 당하지 않을 것이다. 그런 사람은 자신의 믿음이 참 믿음이라는 것을 입증해 줄 열매를 맺게 될 것이다.

신자가 맺는 열매의 양은 각자 다르다. 예수님은 좋은 씨앗이 "어떤 것은 백 배, 어떤 것은 육십 배, 어떤 것은 삼십 배가 되느니라"마 13:23고 말씀하셨다. 신자들이 맺는 열매의 양은 제각기 다르지만, 참 신자는 반드시 열매를 맺기 마련이다. 열매가 없다면 그 사람은 참 신자가 아니다. 이것이 예수님이 입술의 고백이 아니라 "열매로 그들을 알지니"마 7:16라고 말씀하신 이유다.

우리는 결신과 강단 초청에 응하는 것과 죄인의 기도를 드리는 것을 중시하는 문화 속에 살고 있기 때문에 '회개하지 않은 상태로도 얼마든지 예수님을 따르겠다고 결심할 수 있다'는 중요한 사실을 간과하기 쉽다. 개인을 회심하게 하는 것은 인간의 결심이 아니라, 성령의 능력이다. 결신하고, 강단 앞으로 나가고, 손을 들고, 카드에 서명하는 것으로 하나님 나라에 갈 수는 없다. 마음속에 참 믿음이 있어야만 하나님 나라에 갈 수 있는 것이다.

물론 공개적으로 믿음을 고백하는 것이 잘못이라는 뜻은 절대 아니니 오해 없길 바란다. 믿음은 공개적으로 고백해야 한다. 의롭다 하심을 받은 사람은 누구나 믿음을 고백해야 한다. 신자는 누구나 사람들 앞에서 그리스도를 고백해야 한다. 문제는 믿음을 공개적으로 고백하는 것을 참 회심의 리트머스 시험지로 받아들이는 데 있다. 예수님은 입술로는 하나님을 존경하지만 마음은 그분에게서 먼 사람들이 있다고 말씀하셨다 마 15:8. 믿음을 고백하는 것만으로 의롭다 하심을 받은 사람은 아무도 없다.

그렇다면 이 말은 삶의 열매가 믿음의 고백과 일치하는지 아닌지를 점검하는 것이 구원의 확신과 관련된 문제를 해결하는 가장 쉬운 방법이라는 뜻일까? 그렇다. 기독교인의 삶에는 반드시 철저한 자기 성찰이 필요하다. 나는 이 점을 4장에서 좀 더 자세히 설명할 생각이다. 물론 우리 가운데 믿음의 고백을 온전히 실천에 옮길 수 있는 사람은 아무도 없다. 우리의 관심을 행위에만 집중한다면 참된 확신을 식별하기가 어려워진다.

그렇게 되면 잘못된 확신을 얻을 수는 있지만, 참된 확신을 얻기는 매우 어려워질 것이다. 그렇다면 어떻게 해야 우리가 고백하는 믿음이 참된 구원의 은혜에서 비롯했다는 사실을 확실히 알 수 있을까? 이 문제는 더없이 중요하다. 왜냐하면 우리의 삶과 감정과 위로와 행위에 큰 영향을 미치기 때문이다.

우리는 자신이 은혜의 상태에 있는지를 확신하는 문제를 반드시 해결해야 한다. 이 소책자의 나머지 부분은 그 방법을 고찰하는 데 집중할 것이다.

# CHAPTER 2
# 네 종류의 사람들

구원의 확신을 기준으로 나누면 세상에는 모두 네 종류의 사람들이 있다. 구원받았고 그것을 아는 사람, 구원받았고 그것을 모르는 사람, 구원받지 못했고 그것을 아는 사람, 구원받지 못했고 그것을 모르는 사람.

CHAPTER 2
# 네 종류의 사람들

전에 신시내티에서 어떤 사람에게 복음을 전한 적이 있었다. 나는 전도폭발에 사용되었던 두 가지 질문 가운데 하나를 묻는 데서부터 시작했다.

"당신의 영적 생활은 오늘 밤에 죽더라도 천국에 갈 것이라고 확신하는 상태에 이르렀습니까?"

그는 조금도 놀라는 기색 없이 내 눈을 똑바로 쳐다보며 이렇게 대답했다.

"아니요. 나는 내가 구원받지 못했다고 확신합니다. 나는 틀림없이 지옥에 갈 거예요."

그의 대답은 나를 놀라게 했다. 왜냐하면 그때까지 그렇게 확신에 찬 목소리로 자신이 지옥에 갈 것이라고 말하는 사람은 한 번도 본 적이 없었기 때문이다. 그는 자신이 하나님을 믿지 않는 삶을 살고 있다는 것을 알았다. 그는 자신이 그런 삶을 살고 있다는 것과 그로 인한 결과까지 분명하게 알고 있었지만 전혀 개의치 않았다.

구원의 확신을 기준으로 나누면 세상에는 모두 네 종류의 사람들이 있다. 살아 있는 사람은 모두 예외 없이 이 네 가지 범주 가운데 한 곳으로 분류된다.

1) 구원받았고 그것을 아는 사람.
2) 구원받았고 그것을 모르는 사람.
3) 구원받지 못했고 그것을 아는 사람.
4) 구원받지 못했고 그것을 모르는 사람.

그러면 이제부터 이 네 종류의 사람을 차례로 자세히 살펴보기로 하자.

### 구원받았고 그것을 아는 사람

첫 번째 종류는 '구원받았고 그것을 아는 사람들'이다. 이들은 자신이 은혜의 상태에 있다는 사실을 분명하게 확신한다. 이들에게 구원의 확신은 이미 확고히 결정된 사안이다.

나는 내가 던진 물음에 상대방이 긍정적으로 대답하면 "정말입니까?"라고 묻곤 한다. 그러면 상대방은 "물론이죠. 정말입니다."라고 대답하고, 나는 다시 "정말 그렇게 확신합니까?"라고 되묻는다. 확신을 묻는 질문은 단순히 철학적 범주에 속한 문제를 다루는 데 국한되지 않는다. 오히려 그런 질문은 어떤 점에서 다양한 질문이나 주장에 관한 감정 상태를 묻는 의미를 지닌다.

진리 주장에 관한 확신은 그 진폭의 범위가 넓다. 예를 들어, 어떤 사람이 내게 "하나님이 존재하신다고 믿나요?"라고 물을 수 있다. 그런 질문에 대해 대답할 수 있는 말은 매우 다양하다. 즉, 나는 "아니요. 믿지 않습니다.", "그렇게 생각하지 않습니다.", "잘 모르겠지만 그랬으면 좋겠습니다.", "그럴 가능성도 배제할 수 없겠죠.", "그렇습니다. 나는 하나님을 믿습니다.", "물론입니다. 하나님은 분명히 계십니다."라는 식으로 대답할 수 있다. 이 대답들은 명제나 주장에 대한 자신감의 정도가 제각기 다르다는 것을 보여 준다.

이처럼 구원의 확신도 2에 2를 더하면 4가 된다는 식의 수학적 확실성과는 거리가 멀다. 구원의 확신은 개인의 상태에 관한 확신을 의미하며, 그 확신의 강도는 때에 따라 달라진다. 누군가가 내게 "스프로울 씨, 구원받았다고 확신합니까?"라고 물었을 때 어떤 날에는 "물론이죠."라고 자신 있게 대답했다가도, 다음날 무거운 죄책감이 느

껴지면 "그럴 거라고 생각합니다."라고 대답할 수 있다. 신앙생활은 기복이 있기 마련이다.

그러나 참된 확신은 결국에는 의심을 극복한다. 왜냐하면 참된 확신은 감정 이상의 차원을 지니기 때문이다. 이 범주에 속하는 사람은 "내가 알고 또한 내가 의탁한 것을 그날까지 그가 능히 지키실 줄을 확신함이라"딤후 1:12고 말할 수 있는 확실한 근거를 갖는다.

### 구원받았고 그것을 모르는 사람

두 번째 종류는 '구원받았지만 그 사실을 모르는 사람들'이다. 은혜의 상태에 있지만 스스로가 그런 상태에 있다는 것을 온전히 확신하지 못하는 경우가 얼마든지 있을 수 있다.

이미 언급한 대로 어떤 사람들로마 가톨릭 신자들은 구원의 확신을 갖기가 어렵다고 주장하며 첫 번째 종류구원받았고 그것을 아는 사람의 타당성을 의심한다.

또 어떤 사람들은 은혜의 상태에 있으면서 그 사실을 모르는 경우는 불가능하다고 말한다. 그들은 구원 신앙이란 '곧 나를 구원하실 거라고 믿는 구세주를 신뢰하는 것'이라고 주장한다. "믿음이 있으면서도 예수 그리스도께서 자신을 구원하실 것이라는 확신이 없다면, 어떻게 그런 사람이 믿음을 가졌다고 할 수 있겠느냐?"라는 것이 그들의 논리인 것이다.

이 문제는 극적인 회심을 중시하는 요즘 기독교의 풍토와 부분적으로 관련이 있다. 물론 어떤 사람들은 그런 식으로 그리스도를 영접한다.

예를 들어, 빌리 그레이엄은 기독교인이 된 날짜와 시간까지 말할 수 있다. 그는 자신이 야구 경기를 마치고 복음 전도 집회에 갔던 날짜를 정확히 기억한다. 모르디카이 햄이라는 한 순회 전도자가 말씀을 전했고, 그레이엄은 강단 앞에 나가 그의 삶을 완전히 뒤바꿔 놓은 갑작스러운 회심을 경험했다.

나도 그와 비슷한 회심을 경험한 바 있다. 나도 내가 그리스도를 영접했던 시간을 정확히 기억한다. 그 날짜와 시간과 장소와 회심이 일어난 과정을 자세히 말해 줄 수 있다.

그러나 어떤 사람들은 자신이 기독교인이 된 연도조차 모른다. 예를 들어, 빌리 그레이엄의 아내 루스 그레이엄은 자신이 회심한 때를 기억하지 못했다.

우리는 자신의 경험을 다른 사람을 판단하는 잣대로 삼으려는 성향이 있다. 바울이 다메섹으로 가는 길 위에서 회심한 것처럼, 갑작스럽고 극적인 회심을 경험한 덕분에 그 날짜와 시간까지 정확히 기억하는 사람들은 그런 회심을 경험하지 못한 사람들을 의심의 눈길로 바라보기 쉽다. 그들은 날짜와 시간을 정확히 기억하지 못하는 사람들이 과연 참된 신자인지 궁금해한다. 그와 동시에 회심의 날짜와 시간을 정확히 모르는 사람들도 처음 믿은 날짜를 정확히 기억하고 있다고 주장하는 사람들을 의심하기는 마찬가지다.

이 문제의 핵심은 회심한 날짜를 정확히 기억해야 한다고 가르치는 말씀이 성경 어디에서도 발견되지 않는다는 사실에 있다.

여기에서부터 문제는 더 복잡해지고 미묘하게 꼬이기 시작한다. 절반만 거듭나는 일은 결코 있을 수 없다. 성령으로 거듭났든, 거듭나지 않았든 둘 중의 하나다. 중생은 우리를 어둠의 왕국에서 빛의 왕국으로 옮기는 하나님의 사역으로 회심을 통해 이루어진다. 은혜의 상태에 있거나 없는 일은 성령의 사역을 통해 즉시 결정된다. 중생은 점진적이 아니라 즉각적이다.

그렇다면 회심의 날짜와 시간을 정확히 말하지 못하는 사람을 자연히 의심할 수밖에 없지 않겠는가? 결코 그렇지 않다.

우리는 '회심'과 '회심의 경험'을 구별해야 할 필요가 있다. 성령께서 영혼 안에서 초자연적인 사역을 행하시는 순간을 모두가 다 즉시 의식할 수 있는 것은 아니다. 우리 나름대로 기준을 정해 우리의 경험과 일치하지 않는 사람들을 함부로 판단하는 것이 위험한 이유가 바로 여기에 있다.

앞에서 말한 대로 나는 회심의 날짜와 시간을 정확히 기억할 수 있다. 그러나 내가 회심 경험을 아무리 많이 말한다고 해도 그 경험이 영혼 안에서 이루어진 하나님의 사역과 일치하지 않을 가능성이 있다.

성령을 통해 중생의 역사가 이루어졌지만, 그 사람이 자신의 영혼 안에서 이미 이루어진 일을 실제로 경험하기까지는 일주일이나 한 달, 심지어는 몇 년이 걸릴 수도 있다. 따라서 내가 회심의 날짜와 시간을 아무리 자신 있게 말할 수 있다고 해도 그것은 회심의 사실이 아니라, 단지 나의 경험과 관련 있을 뿐이다. 왜냐하면 우리의 경험이 우리를 속일 수도 있기 때문이다.

사실 기독교인인 우리가 저지를 수 있는 가장 위험한 일 가운데 하나는 경험을 신학의 토대로 삼는 것이다. 그 누구의 경험도 신앙생활의 기준이 될 수 없다. 우리는 자신의 감정이 아니라, 하나님의 말씀을 신학의 토대로 삼아야 한다.

더욱이 우리는 경험의 의미와 중요성을 오해하거나 곡해할 소지가 있다. 우리의 경험을 성경에 비춰 보고 감정이나 경험이 아닌 성경 말씀을 믿음의 근거로 삼아야 할 이유가 여기에 있다.

하나님의 말씀이 아니라 우리의 경험을 확신의 근거로 삼으면, 신앙생활을 하는 동안 온갖 종류의 의심에 스스로 빠져드는 결과를 낳기 쉽다. 우리는 모호한 열정에서 비롯하는 경험이 아니라 구원의 확실한 지식을 추구해야 한다.

더욱 힘써 부르심과 택하심을 굳게 하라는 베드로의 권고벧후 1:3-11는 바로 이 종류의 사람들에게 적용된다. 이미 구원을 확신하는 사람들에게 그런 권고의 말을 하는 것은 아무런 의미가 없다. 따라서 베드로의 가르침은 구원받은 상태에 있지만 그 사실을 실제로 확신하지 못하는 사람들에게 적용되어야 마땅하다.

### 구원받지 못했고 그것을 아는 사람

내가 신시내티에서 만난 사람이 이 종류의 사람들, 즉 '구원받지 못했고 그것을 아는 사람들'을 대표한다. 죽은 뒤에 천국에 갈 것이라고 생각하는 사람들이 대부분인 상황에서 그런 사람들이 있을 수 있다는 것이 매우 이상하게 느껴진다.

그러나 사도 바울은 로마서 1장에서 이 종류에 속하는 사람들에 관해 말했다. 그는 타락한 인류의 다양한 죄와 악덕을 길게 열거하면서, 타락한 사람들은 그런 일을 행하는 것이 죽음에 해당하는 죄라는 사실을 알면서도 스스로 그런 일을 행할 뿐 아니라 다른 사람들까지 그렇게 하라고 부추긴다고 말했다 32절.

바울은 로마서 1장에서 사람들이 꼭 성경의 가르침을 알아야만 자신이 구원받지 못한 상태라는 사실을 알 수 있는 것은 아니라고 말했다. 하나님은 양심을 통해 사람들의 마음에 자신의 법을 기록하셨을 뿐만 아니라, 그들의 생각 속에 자신의 말씀을 심어 놓으셨다. 따라서 사람들은 자연 계시를 통해 자신이 저지른 죗값을 치러야 한다는 것과 창조주와의 관계가 단절되었다는 사실을 얼마든지 알 수 있다.

표면적으로는 자신이 하나님의 진노를 당하게 될 위험에 처해 있다는 사실을 부인하는 사람들이 많다. 그들은 심지어 하나님의 존재를 부인하기도 한다. 그러나 "악인은 쫓아오는 자가 없어도 도망하나" 잠 28:1라는 말씀대로 이면적으로는, 즉 타락한 인간성의 배후에는 하나님 앞에서 심각한 죄를 저질렀다는 의식이 깔려 있다.

이것이 일종의 '참호 회개'[1] foxhole conversion, 즉 사람들이 죽음을 앞두고 갑작스럽게 정신을 차려서 사제나 목회자를 불러 영생의 약속을 받으려고 하는 현상이 일어나는 이유다.

미국의 코미디언이자 영화 배우인 필스1880-1946가 임종을 앞두고 성경책을 뒤적거려 그의 지인들을 놀라게 했다는 이야기를 들어본 적이 있는지 모르겠다. 한 친구가 그에게 이렇게 물었다.

"필스, 자네 지금 뭘 하고 있나?"

"난 지금 도망칠 길을 찾고 있네."라고 그가 대답했다.

필스의 대답에는 그만의 특유한 유머가 묻어 있지만, 그가 창조주를 대면해야 할 시점에서 스스로의 위기를 의식했다는 사실이 여실히 드러나 있다.

믿기 어려울지 몰라도 자신이 구원받지 못한 상태라는

---

[1] 총알이 빗발치는 전쟁터에서 참호 속에 몸을 감추고 있는 병사들 가운데 무신론자는 아무도 없다는 데서 유래한 말 – 역자 주.

것을 아는 사람들이 있다. 이들은 자신이 은혜의 상태에 있지 않다는 사실, 곧 하나님과의 관계가 단절되어 그분으로부터 소외된 상태에 있다는 사실을 의식하고 있다. 간단히 말해, 이는 부정적인 확신에 해당한다.

### 구원받지 못했고 그것을 모르는 사람

지금까지 우리는 구원받았고 그것을 아는 사람, 구원받았고 그것을 모르는 사람, 구원받지 못했고 그것을 아는 사람에 대해 차례로 살펴보았다. 이 세 가지 범주는 이해하기가 매우 쉽다.

마지막으로, 네 번째 범주는 구원의 확신에 관한 문제를 매우 혼란스럽게 만든다. 여기에 속하는 사람은 '구원받지 못했고 그것을 모르는 사람'이다. 이 종류의 사람은 은혜의 상태에 있지 않지만 구원받았다고 생각한다. 간단히 말해, 이는 거짓 확신에 해당한다.

리고니어 선교회에서는 일전에 종교 개혁 유적지를 순례하며 마르틴 루터의 발자취를 더듬어 본 적이 있었다. 우리는 동유럽과 과거 동독에 속했던 여러 장소를 돌아보며 루터의 사역 활동을 추적해 보았다. 우리는 에르푸르트, 보름스, 뉘른베르크를 비롯해 여러 곳을 차례로 방문했다.

어느 날 한 곳을 방문했을 때, 우리는 각자 자유롭게 점심식사를 할 기회를 가졌다. 우리는 점심식사를 마치고 다시 모일 장소와 시간을 지시받고 나서 제각기 마을 곳곳으로 흩어졌다. 내가 속한 그룹도 마을을 둘러보고 난 후 점심식사를 했다. 그런데 식당에서 나와 보니 우리가 어느 쪽에서 왔는지 기억이 나지를 않았다. 우리는 서로를 쳐다보며 "어떻게 해야 버스가 있는 곳으로 다시 돌아갈 수 있죠?"라고 물었다. 그러자 메리라는 여성이 "제가 길을 알아요."라고 말했다. 그녀는 일행의 선두에 서서 걸어갔고, 우리는 모두 그 뒤를 쫓았다.

쫓아가다 보니 잘못된 방향으로 가는 듯한 느낌이 들어 나는 걱정스러운 마음으로 "메리, 잠깐만요. 지금 바른 길로 가고 있다고 확신하나요?"라고 물었다. 그러자 그녀는 "네, 틀림없어요."라고 대답했다. 그 말을 듣자 안심이 되었다. 그런데 그녀는 두어 걸음 더 걷다가 뒤를 돌아보며 이렇게 말하는 것이었다.

"물론 저는 항상 확신은 있지만, 제 확신이 맞았던 적은 거의 없었어요."

자신이 천국을 향해 가고 있다고 확신하는 사람들 가운데는 메리를 닮은 이들이 적지 않다. 그들은 자신이 기독교인이라고 믿는다. 그들은 스스로의 구원을 확신한다. 그들은 그 사실을 조금도 의심하지 않는다. 그러나 그들의 문제는 그 확신이 거짓 확신이라는 데 있다.

우리가 이 책자에서 다루려고 하는 긴장과 불안이 여기에서부터 비롯한다. 이 문제는 특히 구원받은 상태이면서 그 사실을 확신하는 사람과 구원받지 못한 상태이면서 구원을 확신하는 사람을 함께 고려할 때 더욱 심각해진다. 어떻게 해야 올바른 확신을 가질 수 있는지 알려면, 먼저 잘못된 확신의 근본 원인을 좀 더 깊이 생각해 보아야 할 필요가 있다.

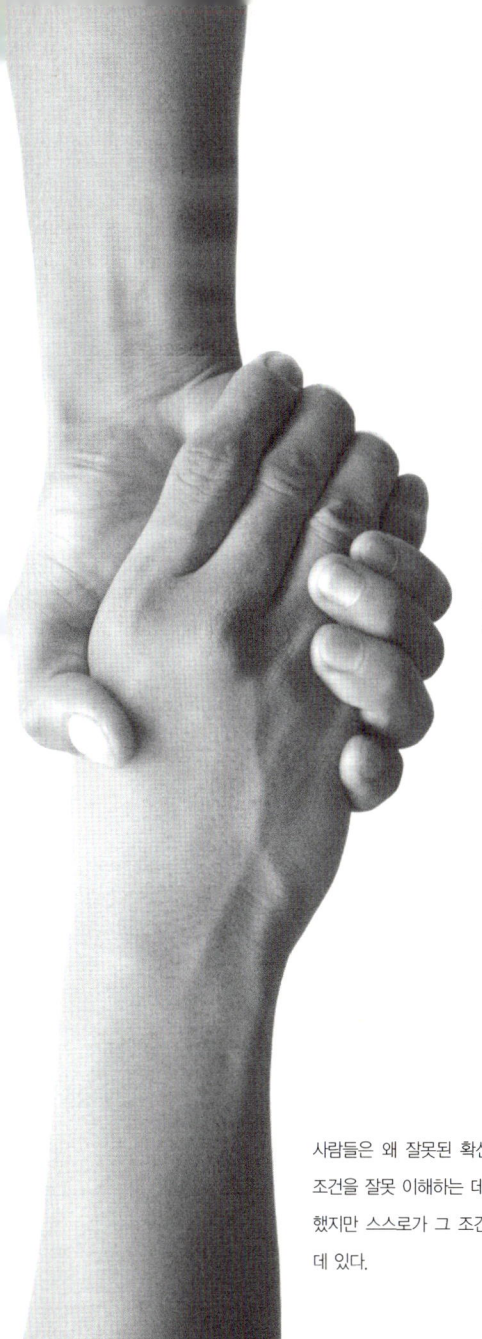

CHAPTER **3**
# 거짓 확신

사람들은 왜 잘못된 확신을 갖게 되는 것일까? 첫 번째 원인은 구원의 조건을 잘못 이해하는 데 있고, 두 번째 원인은 구원의 조건은 옳게 이해했지만 스스로가 그 조건을 충족시켰는지 여부를 옳게 이해하지 못하는 데 있다.

CHAPTER 3
# 거짓 확신

온전한 구원 확신에 관한 우리의 탐구는 스스로 구원받았다고 생각하는 서로 다른 두 종류의 사람들이 존재한다는 사실 때문에 다소 복잡해진다. 그중 한쪽의 확신은 잘못된 것이 틀림없다.

그들은 바로 예수님이 산상설교에서 언급하셨던 사람들, 곧 마지막 날에 "주여, 주여"라고 부르며 그분께 나올 사람들이다. 그들은 자신이 예수님께 속했다고 확신하고 나올 테지만, 예수님은 그들을 쫓아내시며 그들의 확신이 잘못되었다는 사실을 밝히 드러내실 것이다.

그렇다면 거짓 확신이 어떻게 가능할까? 사람들은 왜 거짓 확신을 갖게 되는 것일까? 이것이 이번 장에서 다루게 될 주제다. 문제의 원인은 다양하지만 간단히 두 가지로 압축할 수 있다.

첫 번째 원인은 구원의 조건을 잘못 이해하는 데 있다. 이번 장은 이 문제에 초점을 맞출 것이다. 사람들은 구원의 조건을 잘못 이해할 수 있다. 그 주된 잘못 가운데 세 가지를 꼽으면, '보편구원론', '율법주의', 다양한 형태의 '사제주의'다.

두 번째 원인은 구원의 조건은 옳게 이해했지만, 스스로가 그 조건을 충족시켰는지 여부를 옳게 이해하지 못하는 데 있다.

우리는 마지막 두 장에 걸쳐 우리가 구원의 조건을 충족시켰는지 여부를 정확히 평가할 수 있는 방법을 살펴볼 것이다.

### 모든 사람이 구원받는다?

잘못된 구원 확신에 이르는 첫 번째 잘못은 '보편구원론'이다. 보편구원론은 모든 사람이 구원을 받아 천국에 간다고 가르친다. 이 구원 교리를 믿는 사람은 간단한 삼단논법을 통해 자신의 궁극적인 운명을 쉽게 확신할 수 있다.

- 전제 1 : 모든 사람은 천국에 간다.
- 전제 2 : 나는 사람이다.
- 결  론 : 그러므로 나는 천국에 갈 것이다.

16세기에 교회 역사상 가장 큰 논쟁이 발생했다. 로마가톨릭과 개신교가 칭의의 문제를 둘러싸고 서로 대립했다. 칭의가 믿음만으로 가능한지 아니면 다른 수단이 더 필요한지 하는 것이 문제의 핵심이었다. 그러나 오늘날 우리 시대에는 믿음만으로 의롭다 하심을 받는다는 교리가 우세를 점하지 못하고 있다. 오히려 죽음으로 의롭다 하심을 받는다는 교리가 위세를 떨친다. 보편주의는 바로 그런 교리적 개념을 담고 있다.

앞서 제1차 전도폭발 당시에 사용된 질문을 언급한 바 있다. 그 두 가지 질문은 다음과 같다.

- 만일 오늘밤에라도 이 세상을 떠난다면 천국에서 눈을 뜰 것을 확신합니까?
- 하나님이 "내가 너를 천국에 들어오게 해야 할 이유가 무엇이냐?"라고 물으신다면 이제는 뭐라고 대답하겠습니까?

전에 내 아들이 어렸을 때 나는 이 두 가지 질문을 물은 적이 있다. 나는 아들이 첫 번째 질문에 선뜻 "네, 확신해요."라고 대답하는 것을 듣고 마음이 흐뭇했다. 그러나 두 번째 질문을 던지자 아들은 세상에서 가장 어리석은 질문을 들었다는 듯한 표정으로 나를 바라보며 이렇게 간단히 대답했다.

"글쎄요. '그야 제가 죽었기 때문이죠'라고 대답할 것 같은데요."

내 아들은 성경 신학을 철저히 믿는 가정에서 성장했다. 그러나 나는 아들에게 믿음만으로 의롭다 하심을 받는다는 교리를 가르치지 못했기 때문에 우리 시대에 만연해 있는 생각, 곧 모든 사람이 천국에 가기 때문에 죽으면 당연히 그곳에 갈 것이라는 생각에 그만 물들고 말았던 것이다.

우리는 신학에서 마지막 심판을 제거했고, 하나님의 징벌이나 지옥에 관한 개념을 우리의 사고에서 지워 버렸다. 그 결과 모든 사람이 죽으면 당연히 천국에 간다는 생각이 널리 퍼지게 되었다. 죽음이 성화를 촉진하는 가장 강력한 은혜의 수단이 되고 만 셈이다.

세상을 떠난 죄인은 영안실에서 묘지로 이송되는 동안

저절로 거룩하게 변화된다. 장례식 예배가 진행되는 동안 그 사람은 미덕의 화신으로 바뀐다. 그의 죄가 죽음으로 인해 모두 사라진 것처럼 보인다. 이것은 참으로 위험한 일이다. 성경은 "한 번 죽는 것은 사람에게 정해진 것이요 그 후에는 심판이 있으리니"히 9:27라고 경고했다.

사람들은 빌리 선데이, 드와이트 무디, 빌리 그레이엄, 조나단 에드워즈, 조지 휘트필드와 같은 과격한 복음 전도자들이 마지막 심판을 창안했다고 생각하는 경향이 있다. 그러나 마지막 심판과 천국과 지옥에 관한 메시지를 예수님보다 더 분명하게 가르친 사람은 아무도 없다. 사실 예수님은 천국보다는 지옥에 관해 더 많이 말씀하셨고, 마지막 심판 날에는 잘못한 말 한마디까지도 모두 심판받게 될 것이라고 경고하셨다.

구원받지 못한 사람들이 심리적으로 애써 부인하려고 하는 진리가 있다면, 그것은 바로 포괄적인 차원에서 이루어지는 최후의 심판일 것이다. 왜냐하면 그들 가운데 자신의 죄를 책임지겠다고 나설 사람은 아무도 없기 때문이다. 따라서 모든 사람이 구원받는다는 보편구원론만큼 인간에게 더 큰 호소력을 지닌 교리는 없다.

### 행동을 통한 의로 구원받는다?

잘못된 확신을 부추기는 두 번째 잘못은 '율법주의'다. 율법주의는 '행동을 통한 의'라고 풀이할 수 있다. 율법주의는 천국에 가려면 하나님의 율법을 지켜 선한 삶을 살아야 한다고 가르친다. 다시 말해, 선행으로 공덕을 쌓아야만 천국에 갈 수 있다는 것이다. 많은 사람이 하나님이 요구하시는 것을 잘못 이해해 천국에 가려면 하나님이 정하신 기준을 충족시켜야 한다고 믿는다.

전에 전도폭발 훈련자로 일하면서 교육생들을 데리고 마을에 가서 사람들에게 앞의 두 가지 질문을 묻는 훈련을 한 적이 있었다. 나중에 우리가 들은 대답을 취합해 분

석하는 시간을 가졌다. 대답의 90퍼센트가 '행위를 통한 의'의 범주에 속했다.

"하나님이 '내가 천국에 들어오게 해야 할 이유가 무엇이냐?'라고 물으신다면 이제는 뭐라고 대답하겠습니까?"라는 질문에 대다수의 사람들은 "내가 선한 삶을 살았기 때문입니다.", "교회에 십일조를 바쳤기 때문입니다.", "봉사 활동을 했기 때문입니다."와 같은 식의 대답을 제시했다.

그들의 확신은 스스로가 이룬 행위에 근거했다. 불행히도 인간의 행위는 잘못된 확신을 부추긴다. 성경은 율법의 행위로는 아무도 의롭다 하심을 받을 수 없다고 분명히 가르친다 롬 3:20, 갈 3:11.

이 잘못된 구원 확신을 가장 잘 보여 주는 사람이 있다면, 예수님의 공생애 기간에 그분을 찾아왔던 젊은 부자 관원일 것이다 눅 18:18-30. 그 부자 청년은 예수님께 다가와 칭찬의 말을 늘어놓았다. 그는 "선한 선생님이여 내가 무엇을 하여야 영생을 얻으리이까"라고 말했다. 그는 예수님께 구원의 조건이 무엇이냐고 물었다.

예수님은 구원의 조건을 묻는 질문에 대답하시기 전에 먼저 칭찬의 말을 다루셨다. 그분은 "네가 어찌하여 나를 선하다 일컫느냐 하나님 한 분 외에는 선한 이가 없느니라" 눅 18:19고 말씀하셨다. 어떤 비평가들은 예수님이 이 말씀으로 스스로의 신성과 선하심을 부인하셨다고 주장한다. 그러나 그렇지 않다.

예수님은 부자 청년이 자기 앞에 서 계신 존재의 참된 신분을 전혀 의식하지 못하고 있다는 사실을 잘 알고 계셨다. 그는 예수님이 어떤 분인지 몰랐다. 그는 인간의 몸을 입으신 하나님과 대화를 나누고 있다는 사실을 눈치채지 못했다. 그는 자기 앞에 서 있는 사람을 이곳저곳을 떠돌며 율법을 가르치는 랍비로 생각하고, 그에게 신학적인 질문에 대한 대답을 구하고 싶어 했을 뿐이다. 따라서 예수님은 그에게 "네가 어찌하여 나를 선하다 일컫느냐

'다 치우쳐 함께 더러운 자가 되고 선을 행하는 자가 없으니 하나도 없도다' 라는 시편 14편 3절을 읽어 보지 못했느냐? 하나님 한 분 외에는 선한 이가 없느니라."고 말씀하셨다.

터무니없는 말처럼 들리는가? 우리는 신자가 아닌 사람들이 늘 선하게 살아가는 모습을 종종 목격한다. 그것은 '선'에 관한 우리의 개념에 근거한다. 그러나 성경이 제시하는 선의 기준은 하나님의 의다. 우리를 심판하는 근거는 말과 행동으로 하나님의 율법에 얼마나 복종했고, 또 마음, 즉 내면의 동기로 그분의 율법에 얼마나 복종했느냐에 달려 있다.

내 주변에는 신자가 아니지만 칼빈이 말한 '시민의 미덕'을 실천하는 사람들이 많다. 그들은 사회에서 선한 일을 한다. 그들은 선한 일에 돈을 기부하고, 가난한 자들을 돕고, 때로는 다른 사람들을 위해 희생을 무릅쓰기까지 한다. 그들은 수평적 차원, 즉 다른 사람들과의 관계적 차원에서 온갖 형태의 놀라운 일을 한다. 그러나 그들의 행위는 하나님을 온전히 사랑하는 순수한 마음에서 비롯하지 않는다. 조나단 에드워즈는 이를 두고 '계몽된 이기심'이라고 일컬었지만, 그래도 여전히 이기심은 이기심일 뿐이다.

일전에 불행한 화재 사건에 관한 이야기를 전해 들은 적이 있었다. 어떤 건물에 화재가 발생했다. 불길 속에 있는 사람들을 구하기 위해 일대 소동이 벌어졌다. 소방관들이 건물에 들어가 가능한 한 많은 사람을 구하려고 애썼다. 그러나 곧 상황이 너무 위험해져 더 이상 건물 안에 진입하기가 불가능했다.

사람들은 그런 상황에서 건물에 한 어린아이가 갇혀 있는 모습을 발견했다. 바로 그때, 구경하던 사람들 가운데 한 남자가 위험을 무릅쓰고 건물 안으로 뛰어들어갔다. 사람들은 모두 그의 용기에 환호성을 질렀다. 잠시 뒤에 그는 팔로 꾸러미를 껴안은 채 무사히 돌아왔다. 사람들은 그가 어린아이를 구한 줄로 생각하고 계속 환호성을 질렀다. 하지만 사람들은 곧이어 그가 어린아이는 죽게 버려두고, 평생 모은 돈을 들고 나왔다는 사실을 알게 되었다.

물론 불신자가 목숨을 걸고 어린아이를 구하려고 건물 안으로 뛰어들어갈 수도 있다. 시민의 미덕은 인간 상호 간의 자연적 관심에 의해 촉발된다. 그러나 그런 외적 미덕만으로는 충분하지 않다. 하나님은 인간의 행위를 보시고 "이 행위가 나를 온전히 사랑하는 마음에서 비롯했느냐?"라고 물으신다.

자, 하나님의 다음 명령을 마음속 깊이 새겨 두기를 바란다.

"네 마음을 다하며 목숨을 다하며 힘을 다하며 뜻을 다하여 주 너의 하나님을 사랑하고 또한 네 이웃을 네 자신같이 사랑하라" 눅 10:27.

마음을 하나님께 온전히 드리지 않고 겉으로만 율법에 복종한다면, 그런 행위는 결코 순전하지 못하다. 이것이 아우구스티누스가 "우리의 가장 훌륭한 미덕조차도 더할 수 없는 악이다."라고 말했던 이유다.

육신을 지니고 사는 한, 죄는 우리가 행하는 모든 것을 오염시킨다. 젊은 부자 관원은 이 점을 이해하지 못했다. 그는 자신이 기준을 충족시켰다고 생각했다.

바울은 신약성경에서 자신의 잣대로 자신을 판단하는 것은 지혜롭지 못한 처사라고 경고했다 고전 10:12 참조. 우리는 서로의 행위를 비교하며, 간음과 살인과 횡령과 같은 중죄를 저지르지만 않는다면 선하게 살고 있다고 생각하는 경향이 있다. 항상 우리보다 더 악한 사람이 있기 때문에 우리가 제법 선하게 살고 있다고 착각하기 쉽다.

예수님께 찾아온 부자 청년도 그런 사고방식을 지녔다. 그는 예수님을 선한 분으로 생각했다. 그러나 예수님은 그를 깨우치기 위해 일단 율법을 상기시키셨다.

"네가 계명을 아나니 간음하지 말라, 살인하지 말라, 도둑질하지 말라, 거짓 증언하지 말라, 네 부모를 공경하라 하였느니라" 20절.

예수님의 말씀은 부자 청년이 율법을 피상적으로 이해하고 있다는 사실이 여실히 드러나는 계기가 되었다. 그는 "이것은 내가 어려서부터 다 지키었나이다" 21절라고 자신 있게 대답했다. 그는 살아오면서 늘 십계명을 지켰다고 말했다.

예수님은 "글쎄다. 너는 내가 산상설교를 통해 율법에 담긴 깊은 뜻을 설명하는 말을 듣지 못했구나. 너는 그 가르침을 들었어야 했다."라거나 "너는 사실 오늘 아침 잠에서 깨어난 순간부터 지금까지 이 율법을 하나도 지키지 못했다."라고 말씀하지 않으셨다. 그분은 교훈적인 가르침으로 그의 잘못을 일깨워 주셨다.

"네게 아직도 한 가지 부족한 것이 있으니 네게 있는 것을 다 팔아 가난한 자들에게 나눠 주라 그리하면 하늘에서 네게 보화가 있으리라 그리고 와서 나를 따르라" 22절.

물론 예수님은 구원의 새로운 길을 가르치지 않으셨다. 그분은 가난한 자들을 구제하는 것으로 구원받을 수 있다고 말씀하지 않으셨다. 또한 예수님은 사유 재산을 다 포기하라는 보편 명령을 제시하지도 않으셨다. 예수님은 재물에 마음을 빼앗긴 부자 청년을 다루고 계셨다. 그의 재물이 그의 신, 곧 그의 우상이었다. 간단히 말해, 예수님의 말씀에는 다음과 같은 의미가 담겨 있었다.

"너는 십계명을 다 지켰다고 말했다. 좋다. 첫 번째 계명부터 점검해 보자. 첫 번째 계명은 '너는 나 외에는 다른 신들을 네게 두지 말라' 출 20:3고 명령한다. 가서 네게 있는 것을 다 팔아라." 조금 전만 해도 자신만만한 태도를 보였던 사람이 고개를 살래살래 젓기 시작했다. 그는 큰 부자였던 관계로 심히 근심하며 돌아갔다 23절.

예수님과 부자 청년이 나눈 대화의 주제는 '선' 善이었다. 자신이 거룩하신 하나님의 요구를 충분히 만족시킬 수 있을 만큼 선하다고 생각하는가?

신약성경은 '우리의 의는 다 더러운 옷과 같다' 사 64:6는 진리를 가르친다. 스스로의 의로 구원받았다고 생각하는 사람의 확신은 잘못된 것이다. 구원받을 만큼 충분히 선한 사람은 아무도 없다. 우리는 무익한 종에 지나지 않음을 기억해야 한다 눅 17:10.

### 교회나 성례를 통해 구원받는다?

잘못된 확신을 부추기는 세 번째 잘못은 '사제주의'다. 이는 구원이 사제나 성례 또는 교회를 통해 이루어진다는 견해를 가리킨다. 사람들은 세례와 성찬과 같은 의식을 거론하며 "저는 은혜의 수단인 성례에 열심히 참여했

어요. 성례에 참여했으니 저는 틀림없이 구원을 받을 겁니다."라고 말한다.

성경 시대에 바리새인들이 저질렀던 잘못이 바로 이 경우에 해당한다. 그들은 할례를 받았기 때문에 천국에 확실히 들어갈 것이라고 믿었다.

성례는 매우 중요하다. 성례는 우리의 구원을 위한 하나님의 약속을 상기시켜 줄 뿐 아니라, 우리의 신앙생활을 돕는 은혜의 수단이다. 그러나 성례는 아무도 구원하지 못한다.

성례를 의지하는 사람은 잘못된 구원 확신에 치우칠 수밖에 없다. 그 이유는 우리를 구원하지도, 구원할 수도 없는 것을 의지하는 것이기 때문이다.

이것과 밀접하게 관련된 개념이 또 하나 있다. 많은 사람이 교회에 다니는 사람은 당연히 구원받는다고 믿고 있다. 그들은 교회에 다니는 것이 그리스도의 유형적 몸에 참여하는 것이기 때문에 무형적 몸에도 똑같이 참여하는 것이라고 생각한다. 그러나 교회에 등록했다고 의롭다 하심을 받는 것은 절대로 아니다. 이는 또 하나의 근거 없는 거짓 확신에 해당한다.

마지막으로, 소위 복음주의를 표방하는 진영에서도 몇 가지 잘못된 구원 확신의 사례를 발견할 수 있다. 죄인의 기도를 드리는 것, 전도 집회에서 손을 드는 것, 강단 초청을 받아들이는 것, 예수님을 영접하겠다고 결신하는 것 등이 그런 경우다. 이것들은 사람들에게 회개와 믿음을 촉구하기 위해 흔히 사용되는 방법이다.

문제는 죄인의 기도를 드리고, 손을 들고, 강단 앞에 나가고, 결신을 다짐하는 사람들이 종종 그런 특별한 행위를 구원의 근거로 삼는다는 데 있다. 겉으로 하는 고백은 사람을 속일 수 있다. 입술로는 믿음을 고백했으면서도 실제로는 영혼의 구원을 받지 못하는 경우가 얼마든지 있을 수 있다. 이처럼 잘못된 구원 확신을 부추기는 잘못은 매우 다양하다.

다음 장에서는 이런 거짓 확신을 피하고 극복할 수 있는 방법을 살펴보고, 성경에 근거한 진정한 구원 확신에 이르는 길을 탐구할 것이다.

CHAPTER **4**

# 참된 확신에 이르는 길

우리는 지금 힘써 구원의 확신을 추구해야 한다. 우리가 선택받은 사람들 가운데 속하고, 하나님 나라의 백성이며, 하나님의 가족으로 입양되었고, 그리스도께서 우리 안에 계시며, 우리가 그분 안에 있다는 사실을 확신해야 한다.

CHAPTER 4
# 참된 확신에 이르는 길

　신학교에 다닐 때 동료 학생 하나가 학생들과 교수들을 상대로 구원의 확신을 묻는 설문조사를 벌인 적이 있었다. 응답자의 90퍼센트가 "구원의 확신이 없다."라고 대답했다. 게다가 그들은 구원의 확신을 주장하는 사람은 교만하다고 생각하기까지 했다. 그들은 구원의 확신을 미덕이 아닌 악덕으로 간주했으며, 구원의 확신을 얻고자 애쓰는 것을 부정적인 의미로 받아들였다. 그런 확신이 사람을 교만하게 만든다는 이유에서였다.

물론 우리가 소유하지 않은 것을 소유했다고 주장하는 것보다 더 심각한 교만은 없다. 구원의 상태에 있지도 않으면서 구원을 확신하는 것은 교만에 해당한다. 그러나 그런 확신이 불가능하다고 말하는 것도 교만에 해당하기는 마찬가지다.

왜냐하면 그런 태도는 하나님의 신실하심을 경홀히 여기는 것밖에 되지 않기 때문이다. 확신이 가능한데도 그것을 추구하지 않는다면, 그 또한 교만이라고 말하지 않을 수 없다.

앞서 잘못된 확신의 이유를 살펴보면서 가장 중요한 문제 가운데 하나가 '구원의 조건을 부정확하게 이해하는 데 있다'고 지적한 바 있다. 다시 말해서, 잘못된 신학이 잘못된 확신을 낳는다. 마찬가지로 올바른 신학은 올바른 확신을 낳는다. 따라서 옳고 건전한 구원의 확신을 얻는 방법을 탐구할 때는 무엇보다 신학을 먼저 살펴보아야 할 필요가 있다.

### 선택의 확신을 추구해야 한다

확신의 추구와 관련된 성경의 핵심 본문 가운데 하나는 베드로후서 1장 10-11절이다.

"그러므로 형제들아 더욱 힘써 너희 부르심과 택하심을 굳게 하라 너희가 이것을 행한즉 언제든지 실족하지 아니하리라 이같이 하면 우리 주 곧 구주 예수 그리스도의 영원한 나라에 들어감을 넉넉히 너희에게 주시리라."

사도 베드로는 분명한 말로 선택의 확실성을 추구하라고 명령했다. 우리는 경박하고 거만한 태도가 아니라, 진지한 태도로 우리의 소명과 선택을 확신하기 위해 부지런히 노력해야 한다. 베드로는 이것이 매우 중요하다고 강조하며, 우리의 소명과 선택을 힘써 확신해야 할 실천적 이유를 제시했다.

베드로는 선택의 문제에 지대한 관심을 기울였다. 그가

쓴 첫 번째 편지의 수신자는 "택하심을 받은 자들"<sup>벧전 1:2</sup>이었다. 그는 선택받은 자들에게 편지를 보내 선택의 의미를 가르쳤다. 그는 선택받았다는 사실이 우리의 신앙 여정에 어떻게 영향을 미치는지 보여 주고자 했다. 이것이 그가 두 번째 편지에서 동일한 수신자들을 상대로 선택을 확신하는 것이 얼마나 중요한지를 일깨워 주려고 애썼던 이유다.

베드로가 언급한 '선택'이라는 용어는 매우 중요하다. 왜냐하면 이는 우리를 신학의 영역으로 인도하는 출입문이나 다름없기 때문이다.

선택이 성경적 개념이라는 사실을 잊고 그것을 믿지 않는 사람들이 많다. 어떤 사람들은 "당신이 선택받은 여부를 어떻게 알 수 있느냐?"고 묻는다. 나는 선택의 개념을 잘 이해하지 못하는 사람들에게 우리가 선택받았는지를 묻는 질문보다 우리가 해결해야 할 더 중요한 문제는 없다고 생각한다고 말하곤 한다. 선택의 개념을 올바로 이해하고 우리가 선택받은 사람들 가운데 하나라는 사실을 안다면, 두렵고 떨리는 마음으로 구원을 이루어 나갈 때 나빌 2:12 신앙생활을 하면서 온갖 고난을 겪을 때딤후 3:12 말로 다할 수 없는 위로를 느낄 수 있다. 바울은 디모데후서 1장 12절에서 이렇게 말했다.

"내가 믿는 자를 내가 알고 또한 내가 의탁한 것을 그날까지 그가 능히 지키실 줄을 확신함이라."

바울은 자신이 누구를 믿고 있는지 분명히 알았기 때문에 스스로의 미래에 대해 강한 자신감을 드러냈다. 그는 자신의 힘을 믿고 끝까지 신앙의 경주를 완수하겠다고 말하지 않았다. 오히려 그는 자신이 믿는 하나님을 확신의 근거로 삼았다. 그는 하나님이 자신을 온전히 지켜 주실 줄 확신했다. 이것이 바로 베드로가 힘써 추구하라고 말했던 선택의 확신이다.

선택을 확신하라는 명령이 우리에게 주어졌다면, 이는 곧 우리가 선택을 확신할 수 있다는 뜻이다. 우리가 선택받은 사람들 가운데 속한다는 사실을 아는 것이 얼마든지 가능하다. 따라서 구원의 확신을 구하는 일을 삶의 마지막 순간까지 미룰 필요가 전혀 없다. 우리는 지금 힘써 구원의 확신을 추구해야 한다. 우리가 선택받은 사람들 가운데 속해 있고, 하나님 나라의 백성이며, 하나님의 가족으로 입양되었고, 그리스도께서 우리 안에 계시며, 우리가 그분 안에 있다는 사실을 확신해야 한다.

그러면 그런 확신을 가지려면 어떻게 해야 할까?

우선 선택의 교리를 정확히 이해하는 데서부터 출발해야 한다.

### 하나님은 믿는 자를 미리 선택하셨다?

앞서 말한 대로 요즘에는 선택의 교리에 반감을 느끼는

사람들이 많다. 그런 반감은 선택에 관한 다양한 견해를 낳는 결과로 이어졌다. 예를 들어, 어떤 사람들은 우리의 구원이 선택의 근거라고 말한다. 이 견해에 따르면 구원이 선택을 앞선다. 우리는 이런 입장을 예지예정론이라고 부른다.

이런 선택 교리를 지지하는 사람들은 하나님이 구원 신앙을 가지게 될 사람을 미리 아시고 구원으로 선택하셨다고 믿는다. 하나님은 예지 능력을 가지고 계시기 때문에 인류의 역사를 처음부터 끝까지 꿰뚫어 보시면서 누가 복음을 받아들이고, 누가 복음을 거부할지 모두 아신다. 하나님은 어떤 사람들이 복음을 받아들일지 미리 알고 계시기 때문에 그것을 토대로 선택하실 자를 결정하신다. 그분은 사람들이 믿고 구원의 상태에 이를 것을 미리 보시기 때문에 그것에 근거해 그들을 선택하신다.

나는 이러한 선택 교리가 성경적이지도 않고, 또 선택을 올바로 설명하고 있지도 않다고 생각한다. 사실 예지

예정론은 선택에 관한 성경의 가르침을 근본적으로 부인한다. 이렇게 말할 수 있는 이유는 예지예정론이 예지에 근거한 선택을 구원의 결정적 요인으로 삼고 있기 때문이다. 다시 말해, 이 견해에 따르면 결국 하나님의 은혜와 자비가 아니라, 우리가 믿는 행위가 구원의 근거가 되고 만다.

내가 성경을 이해하는 바에 따르면 선택은 구원을 위한 선택을 의미한다. 즉, 우리가 선택받았다면 또한 구원을 받게 될 것이고, 구원을 받았다면 그것은 우리가 선택받은 자들 가운데 속한다는 가장 확실한 증거다. 이를 달리 설명하면 이렇다.

구원받지 않은 사람은 선택받지 않았고, 선택받은 사람 가운데 구원받지 못할 사람은 아무도 없다. 구원은 선택에서 비롯한다. 따라서 구원의 확신을 가지려면 우리가 선택받은 자들 가운데 속했는지 여부를 알아야 할 필요가 있다.

베드로의 가르침은 우리의 소명과 선택을 힘써 확신하는 것이 그토록 중요한 이유를 일깨워 준다. 우리가 선택받은 자들 가운데 속했다면, 우리는 지금은 물론 장래에도 얼마든지 구원을 확신할 수 있다. 그 이유는 선택이 단지 구원을 가능하게 하는 데 그치지 않고 선택받은 자의 구원을 확실히 보장하기 때문이다.

하나님이 누군가를 선택하신 목적은 그를 구원하시기 위해서다. 그 목적은 결코 실패할 수도 없고 실패하지도 않을 것이다.

예정을 다룰 때 잘 언급되지 않지만, 내게 큰 위로를 주는 성경 말씀이 하나 있다. 예수님은 요한복음에서 제자들과 앞으로 믿음을 갖게 될 사람들을 위해 대제사장의 기도를 드렸다. 이 말씀은 그 기도 중간쯤에 기록되어 있다. 이 말씀은 대대로 그리스도의 교회에 큰 용기를 불어넣었다. 예수님은 이렇게 기도하셨다.

"세상 중에서 내게 주신 사람들에게 내가 아버지의 이름을 나타내었나이다 그들은 아버지의 것이었는데 내게 주셨으며 그들은 아버지의 말씀을 지키었나이다 지금 그들은 아버지께서 내게 주신 것이 다 아버지로부터 온 것인 줄 알았나이다 나는 아버지께서 내게 주신 말씀들을 그들에게 주었사오며 그들은 이것을 받고 내가 아버지께로부터 나온 줄을 참으로 아오며 아버지께서 나를 보내신 줄도 믿었사옵나이다 내가 그들을 위하여 비옵나니 내가 비옵는 것은 세상을 위함이 아니요 내게 주신 자들을 위함이니이다 그들은 아버지의 것이로소이다 내 것은 다 아버지의 것이요 아버지의 것은 내 것이온데 내가 그들로 말미암아 영광을 받았나이다 나는 세상에 더 있지 아니하오나 그들은 세상에 있사옵고 나는 아버지께로 가옵나니 거룩하신 아버지여 내게 주신 아버지의 이름으로 그들을 보전하사 우리와 같이 그들도 하나가 되게 하옵소서 내가 그들과 함께 있을 때에 내게 주신 아버지의 이름으로 그들을 보전하고 지키었나이다 그중의 하나도 멸망하지 않고 다만 멸망의 자식뿐이오니 이는 성경을 응하게 함이니이다" 요 17:6-12.

예수님은 성부께서 자기에게 얼마간의 사람들을 주셨다고 말씀하셨다. 이들은 모두 구원받을 것이다. 왜냐하면 성부께서 성자에게 주신 사람들은 모두 성자를 믿고 그분의 보호를 받게 될 것이기 때문이다요 6:37, 39-40, 44절. 예수님이 성부께서 자기에게 주셨다고 말씀하신 사람들은 곧 선택받은 사람들을 의미한다. 성부께서 성자에게 주시기로 선택하신 자들은 성자를 통해 끝까지 보존된다. 인내할 수 있는 우리의 능력이 아니라, 바로 이 사실이 우리가 의지해야 할 참된 확신의 근거다.

우리는 지금 성도의 견인에 관해 말하고 있다. 성도가 끝까지 보존되는 이유는 하나님이 그들을 보존하시기 때문이다.

따라서 '성도의 견인'보다는 '성도의 보존'이라고 말하는 것이 더 낫다. 우리는 예수님이 자기에게 주신 자들을 보존해 달라고 성부께 호소하신 사실을 통해 이 점을 분명히 확인할 수 있다.

### 구원의 순서

선택과 구원의 관계를 좀 더 살펴보려면 신학자들이 '구원 서정' *ordo salutis* 또는 '구원의 순서'라고 일컫는 교리에 관심을 기울여야 할 필요가 있다. 구원 서정은 구원을 얻을 때 일어나는 다양한 사건들의 순서와 관련된다. 이는 시간적 순서라기보다는 논리적 순서에 가깝다.

이 말이 무슨 의미인지 설명해 보겠다. 우리는 믿음으로 의롭다 하심을 받는다고 믿는다. 그러면 참된 구원 신앙을 가지고 나서 의롭다 하심을 받기까지 시간이 얼마나 걸릴까? 5초, 5분, 아니면 5개월이나 5년일까? 그렇지 않다. 우리는 칭의와 믿음이 시간적으로 거의 동시에 일어난다고 믿는다. 참 신앙을 갖는 순간, 그 즉시 하나님이 우리를 의롭게 여기신다.

그러나 동시에 일어난다고 해도 믿음이 칭의보다 앞선다고 말할 수 있다. 믿음은 논리상 칭의에 앞선다. 다시 말해, 칭의는 믿음에 의존하기 때문에 믿음은 칭의의 필요조건이자 필수조건이다. 믿음은 논리상 칭의의 선행 조건에 해당한다. 이처럼 구원의 순서를 말할 때는 논리적 필연성에 근거해 구원의 조건을 구분하는 것이라는 점을 기억해야 한다.

로마서에 보면 신약성경에서 가장 많은 사랑을 받는 유명한 구절이 하나 발견된다. 그것은 바로 "우리가 알거니와 하나님을 사랑하는 자 곧 그의 뜻대로 부르심을 입은 자들에게는 모든 것이 합력하여 선을 이루느니라"롬 8:28는 말씀이다. 모든 것이 합력하여 선을 이룬다는 약속은 하나님을 사랑하는 자들, 곧 그분의 뜻에 따라 부르심을 받은 자들을 위한 것이다.

이것은 매우 특별한 소명이다. 성경은 복음의 초청이 모든 사람에게 주어졌다고 말씀한다. 이를 가리켜 '외적 소명'이라고 한다. 이 소명을 받는 모든 사람이 다 구원받는 것은 아니다. 내면의 부르심이 있어야 한다. 다시 말해, 하나님이 성령의 사역을 통해 개인의 내면에서 그를 부르셔야 한다. 이를 가리켜 '유효 소명'이라고 한다. 성령께서는 유효 소명을 통해 신자의 마음을 여시고 그 안에서 하나님의 뜻을 이루신다. 이것이 바울이 로마서 8장 28절에서 언급한 부르심이다. 선택받은 자들은 모두 내적 소명을 받는다. 다음 구절은 이 사실을 더욱 분명하게 드러내 준다. 29절 상반절을 읽어 보자.

"하나님이 미리 아신 자들을 또한 그 아들의 형상을 본받게 하기 위하여 미리 정하셨으니."

바울은 여기에서 구원과 관련된 하나님의 목적을 언급하고 있다. 그는 하나님의 예지를 언급하는 데서부터 시작했다. 그는 하나님이 미리 아신 자들을 미리 정하셨다고 말했다. 이 예정의 목적은 무엇일까? 그 목적은 하나님이 미리 아신 자들로 그리스도의 형상을 본받게 하기 위해서다. 우리는 30절에서 이른바 '황금 사슬'이라고 불리는 진리와 마주치게 된다.

"또 미리 정하신 그들을 또한 부르시고 부르신 그들을 또한 의롭다 하시고 의롭다 하신 그들을 또한 영화롭게 하셨느니라."

이 말씀은 구원의 순서를 간결하게 축약하고 있다. 구원에는 여기에 언급되지 않은 다른 요소들이 있다. 예를 들면, 성화가 이 순서에서 빠져 있다. 29절까지 포함해서 정리하면 예지, 예정, 소명, 칭의, 영화의 순서로 이어진다.

구원의 확신을 옳게 이해하려면 구원의 순서를 이해하는 것이 매우 중요하다. 조금 전에 말한 대로, 바울은 논리적 순서를 염두에 두고 예지부터 시작했다. 앞서 말한 예지예정론이 유명해진 이유는 사람들이 이 구절을 보고

"그렇지! 첫 번째 단계는 바로 예지야. 이는 선택과 예정이 하나님이 사람들에 대해 미리 알고 계신 지식에 근거한다는 뜻이야."라고 섣부르게 판단했기 때문이다. 그러나 본문은 그런 의미가 아니다. 사실 바울은 로마서 9장에서 이 문제를 자세히 설명하면서 그런 가능성을 완전히 배제했다.

개혁주의 선택 교리에 따르면, 하나님의 뜻에 따라 선택받은 사람들은 이름 없는 암호와 같은 존재가 아니다. 하나님이 누군가를 선택하셨다면 그분은 자신이 선택하실 그 사람을 미리 알고 계셔야 한다. 이처럼 예지가 예정에 앞서는 이유는 하나님이 사랑으로 선택하신 사람을 구원하기로 예정하셨기 때문이다.

'예지' 다음에 오는 논리적 사건은 '예정'이다. 바울은 하나님이 미리 아신 자들을 미리 정하셨다고 말했다. 하나님이 미리 아신 자들의 범주에 속하는 사람들이 모두 예정을 받는다는 구체적인 표현은 없지만, 그런 의미인 것이 분명하다. 물론 하나님의 예지의 범위 안에는 단지 선택받은 사람들만이 아니라 모든 사람이 포함된다. 그러나 바울이 여기에서 말하는 예지는 선택받은 자들에 대한 예지를 의미한다. 그 이유는 무엇일까?

그 이유는 바울이 하나님이 미리 아신 자들을 미리 정하시고, 또 미리 정하신 자들을 부르시고, 부르신 자들을 의롭다 하셨다고 말하고 있기 때문이다. 이 사실은 매우 중요하다. 부르심을 받은 자들이 모두 의롭다 하심을 받았다면, 바울이 외적 소명을 염두에 두었을 리 없다. 이 특별한 부르심을 받은 자들이 모두 의롭다 하심을 받고, 의롭다 하심을 받은 자들이 모두 영화롭게 되었다면, 바울은 내적 소명을 염두에 두었을 것이 틀림없다.

영화롭게 된다는 것이 무엇인지 알고 싶다면, 즉 내가 궁극적으로 구원받게 될 것인지 알고 싶다면 내가 의롭다 하심을 받았는지를 알아야 한다. 만일 내가 의롭다 하심을 받았다면 나는 영화롭게 될 것이다. 지금 의롭다 하심을 받은 상태라면 아무것도 걱정할 필요가 없다. 내 안에서 착한 일을 시작하신 하나님이 그 일을 끝까지 이루실 것이기 때문이다 빌 1:6.

### 내적 소명과 확신의 관계

내적 소명은 확신과 어떤 관계가 있을까? 이 문제는 다음 장에서 좀 더 자세히 다룰 예정이기 때문에 여기에서는 바울이 로마서 8장 29-30절에서 언급한 소명이 믿음과 칭의에 이르게 하기 위해 우리의 내면에서 이루어지는 성령의 사역을 가리킨다는 점만 간단히 짚고 넘어가는 것이 좋을 듯하다. 내적 소명을 받았다면 우리가 선택되었다는 사실을 알 수 있다.

그러면 우리는 내적 소명을 받았다는 것을 어떻게 알 수 있을까? 바울은 에베소서 2장에서 그 대답을 다음과 같이 제시했다.

"그는 허물과 죄로 죽었던 너희를 살리셨도다 그때에 너희는 그 가운데서 행하여 이 세상 풍조를 따르고 공중의 권세 잡은 자를 따랐으니 곧 지금 불순종의 아들들 가운데서 역사하는 영이라 전에는 우리도 다 그 가운데서 우리 육체의 욕심을 따라 지내며 육체와 마음의 원하는 것을 하여 다른 이들과 같이 본질상 진노의 자녀이었더니 긍휼이 풍성하신 하나님이 우리를 사랑하신 그 큰 사랑을 인하여 허물로 죽은 우리를 그리스도와 함께 살리셨고 (너희는 은혜로 구원을 받은 것이라) 또 함께 일으키사 그리스도 예수 안에서 함께 하늘에 앉히시니 이는 그리스도 예수 안에서 우리에게 자비하심으로써 그 은혜의 지극히 풍성함을 오는 여러 세대에 나타내려 하심이라 너희는 그 은혜에 의하여 믿음으로 말미암아 구원을 받았으니 이것은 너희에게서 난 것이 아니요 하나님의 선물이라 행위에서 난 것이 아니니 이는 누구든지 자랑하지 못하게 함이라 우리는 그가 만드신 바라 그리스도 예수 안에서 선한 일을 위하여 지으심을 받은 자니 이 일은 하나님이 전에 예비하사 우리로 그 가운데서 행하게 하려 하심이니라" 엡 2:1-10.

보다시피 바울은 우리를 살리신 성령의 사역에 초점을 맞추고 있다. 이 성령의 사역은 신학적으로 '중생 거듭남으로 불린다. 예수님은 니고데모에게 거듭나지 않으면 천국에 들어가는 것은 고사하고 천국을 볼 수조차 없다고 말씀하셨다 요 3:3, 5. 중생은 내적 소명과 밀접하게 관련된다. 그러기에 거듭났다면 우리가 선택받았다는 사실을 알 수 있다. 선택받지 못했다면 거듭나게 하는 성령의 사역이 우리의 영혼 안에서 일어나지 않는다.

선택받은 자는 사는 동안 언젠가는 성령을 통해 거듭나기 마련이다. 거듭난 사람은 선택받은 사람들 가운데 속한다. 따라서 중생을 확신할 수 있다면 선택을 확신할 수 있고, 선택을 확신할 수 있다면 구원을 확신할 수 있다.

이런 점에서 중생의 본질을 이해하는 것은 매우 중요하다. 중생의 본질에 관한 문제를 둘러싸고 기독교 내에 큰 혼란이 존재한다. 성령께서 어떤 사람을 영적 사망에서 영적 생명으로 옮기시는 사역을 행하셨을 때, 그 사람에게 어떤 변화가 일어나는가에 대해 미국 내 복음주의자들의 견해는 개혁주의 신앙과 많은 점에서 차이가 난다. 건전한 중생 교리를 이해하는 것이 구원의 확신과 하나님과의 관계에 그토록 중요한 영향을 미치는 이유가 여기에 있다. 우리의 삶에서 이루어지는 성령의 사역은 참된 구원 확신의 가장 중요한 토대다. 나는 이 점을 마지막 장에서 살펴보고자 한다.

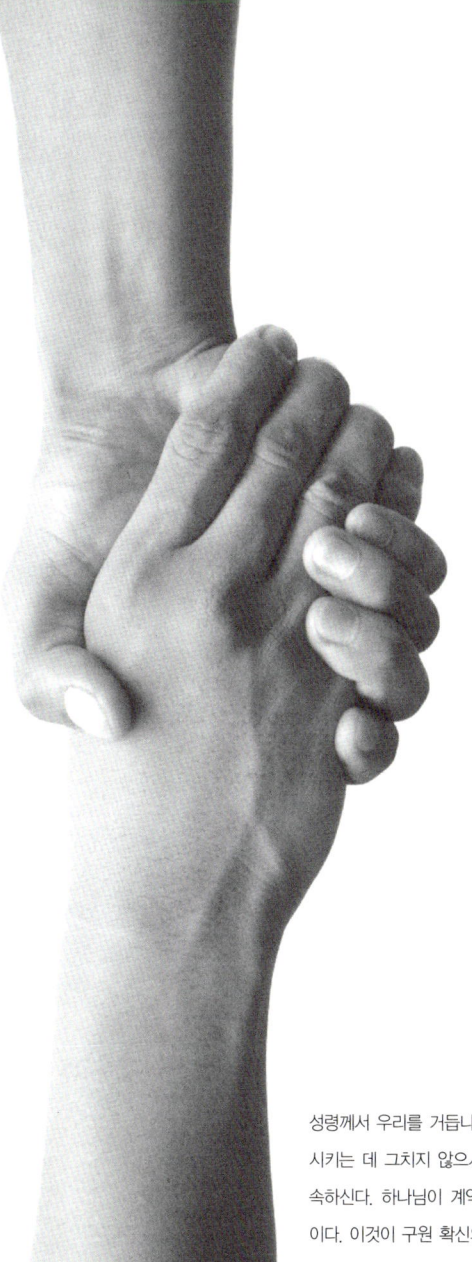

CHAPTER **5**

# 온전한
# 확신의 근원

성령께서 우리를 거듭나게 하실 때는 우리의 마음과 영혼과 의지를 변화시키는 데 그치지 않으시고, 친히 보증이 되어 온전한 구원의 실현을 약속하신다. 하나님이 계약금을 지불하셨다면, 나머지도 온전히 지불될 것이다. 이것이 구원 확신의 확실한 토대다.

CHAPTER 5
# 온전한 확신의 근원

 갤럽이나 바나 그룹과 같은 조사 기관에서 실시한 설문 조사에 따르면, '거듭난 신자'를 자처하는 미국인들이 수천만 명에 달한다고 한다. 안타깝게도 그들 가운데는 중생의 의미를 잘못 이해하고 있는 사람들이 적지 않다. 그들에게 물어보면 십중팔구 "글쎄요…, 거듭난 사람은 믿기로 결심한 사람이라고 생각합니다."라거나 "거듭난 사람은 죄인의 기도를 드린 사람이라고 생각합니다."라는 식으로 대답할 것이다. 그러나 결신 행위나 기도는 중생의 참된 표징과는 거리가 멀다. 앞서 살펴본 대로, 거듭나지 않은 상태에서도 얼마든지 믿음을 고백할 수 있기 때문이다.

'거듭났다는 것'은 '성령의 초자연적인 사역을 통해 변화된 것'을 의미한다. 이 사실을 이해하는 것은 구원의 확신에 매우 중요하다.

앞 장에서 에베소서 2장 말씀을 살펴보았다. 그 말씀은 중생 이전의 삶과 중생 이후의 삶을 뚜렷하게 대조하고 있다.

"이 세상 풍조를 따르고 공중의 권세 잡은 자를 따랐으니 곧 지금 불순종의 아들들 가운데서 역사하는 영이라 전에는 우리도…우리 육체의 욕심을 따라 지내며 육체와 마음의 원하는 것을 하여" 2-3절.

이 절은 중생 이전의 삶, 곧 거듭나지 못한 타락한 인간의 삶을 묘사한다. 그러나 새 탄생이 이루어진 뒤에는 더 이상 "외인도 아니요 나그네도 아니요 오직 성도들과 동일한 시민이요 하나님의 권속이다"19절.

거듭날 때 어떤 일이 일어날까? 우리의 영혼 안에 역사하시는 성령의 사역은 어떤 변화를 일으킬까?

중생에 관한 논쟁은 원죄를 이해하는 관점의 차이에서 비롯한다. 기독교인이라면 누구나 타락으로 인해 인간의 본성이 왜곡되었다는 진리를 받아들인다. 우리는 자신이 부패한 본성을 지녔다고 믿는다. 그러나 타락의 정도에 관해서는 서로 의견이 크게 엇갈린다. 다시 말해, 타락의 결과로 나타난 도덕적 부패의 정도에 관한 생각은 저마다 다르다.

인간이 타락했다고 믿지만 영혼이 부패했더라도 그 안에 타락에 영향을 받지 않는 작은 '의의 영역'이 남아 있다고 믿는 기독교인들이 많다. 인간은 이 '의의 영역' 덕분에 거듭나기 전에도 하나님의 은혜로운 사역에 협력할 수 있는 힘을 지닌다.

그러나 성경은 그런 생각을 어디에서도 지지하지 않는다. 오히려 성경은 인간의 본성과 관련해 "썩어짐의 종노릇 한"롬 8:21, "허물과 죄로 죽었던"엡 2:1, "본질상 진노의 자녀"엡 2:3와 같은 표현을 사용한다. 교회는 역사적으로 이런 표현들을 거듭나지 못한 사람, 즉 도덕적으로 왜곡되어 하나님에 대해 적개심을 품고 있는 사람의 상태를 묘사하는 의미로 이해해 왔다.

성경은 우리가 본성상 하나님과 반목하는 상태에 있다고 말씀한다. '반목'이란 '적대적인 태도'를 의미한다. 인간은 거듭나기 전에는 하나님의 일을 증오하는 성향을 내보인다. 타락한 인간은 그리스도를 진정으로 사랑할 수 없다. 인간의 마음속에는 하나님에 대한 사랑이 존재하지 않는다.

그러면 우리가 거듭났다는 것을 어떻게 알 수 있을까?

### 예수님을 사랑하는가?

구원의 확신으로 고민하는 사람들은 종종 나에게 "제가 구원받았다는 것을 어떻게 알 수 있나요?"라고 묻는다. 그럴 때면 나는 그들에게 세 가지 질문을 던지곤 한다.

먼저, 나는 "예수님을 온전히 사랑하십니까?"라고 묻는다. 그렇게 물으면 대부분 "아니요, 그렇지 못합니다."라고 대답한다. 사람들이 영혼의 상태를 확신하지 못하는 이유가 여기에 있다. 그들은 그리스도를 사랑하는 마음이 부족하다고 생각한다. 왜냐하면 그리스도를 온전히 사랑한다면 그분께 온전히 복종해야 한다고 알고 있기 때문이다.

사실 예수님은 "너희가 나를 사랑하면 나의 계명을 지키리라"요 14:15고 말씀하셨다. 그리스도의 계명을 하나라도 어긴다면, 그것은 곧 우리가 그분을 온전히 사랑하지 못한다는 증거다.

그 다음으로, 나는 예수님을 온전히 사랑하지 못한다고 대답하는 사람들에게 "최선을 다해 예수님을 사랑하십니까?"라고 다시 묻는다. 그러면 상대방은 대개 이상하다는 듯한 표정을 지으며 "글쎄요, 물론 그렇지 못합니다."라고 대답한다.

옳은 대답이다. 첫 번째 질문에 "아니요."라고 대답했다면, 두 번째 질문에도 그렇게 대답할 수밖에 없다. 왜냐하면 하나님을 온전히 사랑해야 하지만 그렇지 못하다는 것을 알고 있기 때문이다. 바로 여기에서 구원의 확신을 둘러싼 긴장과 갈등이 발생한다.

마지막으로, 나는 "예수님을 사랑하기는 하십니까?"라고 묻는다. 나는 그렇게 묻고 나서 대개 상대방의 대답을 듣기 전에 성경에 기록된 그리스도, 곧 성경에서 발견하는 그리스도를 사랑하느냐는 물음을 덧붙이곤 한다. 내가 그렇게 묻는 이유는 무엇일까?

오래전에 콜로라도의 콜로라도스프링스에 있는 영라이

프 선교회에서 가르친 적이 있었다. 당시 나는 그 선교회를 위해 많은 일을 했다. 나는 콜로라도에서 간사들을 훈련시키면서 이렇게 말했다.

"이 선교회가 빠져들 수 있는 한 가지 심각한 위험을 지적하고 싶습니다. 내가 아는 한, 어린아이들 곁에 다가가 그들의 삶에 참여하고, 그들의 문제를 함께 고민하며, 그들이 있는 곳에 찾아가 복음을 전하고, 그들의 반응을 이끌어 내는 능력이 이 선교회보다 더 뛰어난 곳은 어디에도 없습니다. 그것은 이 선교회의 가장 큰 장점이지만 또한 가장 큰 약점이기도 합니다. 왜냐하면 영라이프 선교회는 어린아이들을 기독교에 호감을 느끼게 만드는 능력이 뛰어난 탓에 그들을 그리스도께 돌아오게 만드는 것이 아니라, 영라이프로 돌아오게 만들 가능성이 아주 높기 때문입니다."

그런 식으로 성경이 증언하는 예수님이 아니라, 인간이 상상해 낸 예수님을 사랑하는 경우가 얼마든지 있을 수 있다. "예수님을 사랑하기는 하십니까?"라고 묻는 나의 질문은 어린아이들이 위인으로 생각하는 그리스도나 선한 도덕 교사로서의 그리스도를 사랑하느냐는 의미가 아니다. 나의 질문은 성경에 나타나는 그리스도를 사랑하느냐는 의미다.

상대방이 세 번째 질문에 "네."라고 대답하면 그때부터는 약간의 신학적 지식이 필요하다. "거듭나지 않은 사람이 그리스도를 조금이라도 진정을 다해 사랑하는 것이 가능한가?"라는 질문을 생각해 보라. 나의 대답은 부정적이다.

그리스도를 사랑하는 마음은 성령의 역사에서 비롯하는 결과다. 이것이 곧 중생이다. 중생은 성령의 '살리시는 역사'다. 성령께서는 영혼의 성향과 마음의 본성을 변화시키신다. 거듭나기 전에는 하나님의 일에 대해 무관심하고 냉담할 뿐 아니라 심지어는 적대적이다.

거듭나지 않으면 하나님을 진정으로 사랑할 수 없다.

그 이유는 우리가 육신 안에 있고, 육신은 하나님의 일을 사랑하지 않기 때문이다. 하나님에 대한 사랑은 성령의 거듭나게 하시는 사역을 통해 생겨난다. 성령께서는 "우리 마음에 하나님의 사랑을 부어 주신다"<sub>롬 5:5 참조</sub>.

따라서 그리스도를 사랑하느냐는 질문에 비록 최선을 다해<sub>즉, 온전히</sub> 그분을 사랑하지는 못하더라도 "네."라고 대답한다면, 나는 그 사람의 영혼 안에서 성령의 거듭나게 하시는 역사가 일어났다고 확신할 수 있다. 왜냐하면 우리의 육신 안에는 예수 그리스도를 진정으로 사랑할 수 있는 능력이 조금도 존재하지 않기 때문이다.


### 중생에 관한 잘못된 견해

중생에 관한 견해들 가운데는 그런 확신을 주지 못하는 잘못된 견해가 존재한다. 오늘날 복음주의 진영 안에서 가장 널리 알려진 견해 가운데 하나는, 거듭나는 순간 성령께서 우리의 삶에 들어오시어 우리 안에 거하신다는 견해다. 이 견해에 따르면 거듭난 이후에도 성령의 역사에 반응하며 그분과 협력하고, 그분이 삶을 지배하시도록 노력해야 한다고 한다. 왜냐하면 성령이 거하시는 거듭난 상태일지라도 복종의 열매를 맺지 못할 가능성이 얼마든지 존재하기 때문이다. 간단히 말해, 이 견해는 거듭난 신자도 '육신적인 기독교인'이 될 수 있다고 주장한다.

신약성경이 '육신'이라는 표현을 사용할 때는 말 그대로 순전한 육신을 의미한다. 우리가 육신 가운데 있을 때 성령께서 마음의 성향을 변화시켜 주신다. 그분은 육신을 즉시 다 없애지 않으신다. 그 결과 육신적 요소가 우리를 여전히 괴롭힌다. 육신은 우리가 신앙생활을 하는 동안 늘 성령과 싸움을 벌인다.

우리는 때로 육신에 치우치기도 한다 갈 5:17. 이런 사실에 대해서는 아무런 논쟁도 있을 수 없다. 그러나 어떤 사람들이 사용하는 '육신적인 기독교인'이라는 표현은 단지 성령에 의해 변화되지 않은 사람을 가리키는 의미에 지나지 않는다. 그 말을 그런 식으로 사용한다면, 그것은 기독교인이 아니라 거듭나지 않은 사람을 가리키는 의미일 수밖에 없다.

따라서 나는 그런 견해를 중생과는 전혀 무관한 견해라고 즉각 논박하고 싶다. 왜냐하면 성령께서 그 사람의 삶 속에 들어오셨는데도 영혼의 성향과 본성을 변화시키는 초자연적인 능력이 일어나지 않았다고 주장하고 있기 때문이다.

거듭난 사람의 영혼이 성령께서 오시기 전과 똑같은 상태로 남아 있다는 주장은 터무니없다. 중생은 성령께서 실제로 그 사람을 변화시키는 사역이다. 이 사실을 이해하는 것은 매우 중요하다. 중생은 영혼의 성향을 바꿔 놓는다. 진정으로 거듭나 믿음을 고백하는 사람이 어느 정도라도 복종의 삶을 살지 않는다는 것은 도무지 불가능한 일이다.

### 성령의 보증

지금까지 말한 대로 중생은 영혼의 성향을 변화시키는 성령의 사역을 가리킨다. 그러나 성령께서는 중생을 통해 우리를 변화시키실 뿐 아니라 구원의 확신에 매우 중요한 또 다른 사역을 아울러 행하신다.

"만일 땅에 있는 우리의 장막 집이 무너지면 하나님께서 지으신 집 곧 손으로 지은 것이 아니요 하늘에 있는 영원한 집이 우리에게 있는 줄 아느니라 참으로 우리가 여기 있어 탄식하며 하늘로부터 오는 우리 처소로 덧입기를 간절히 사모하노라 이렇게 입음은 우리가 벗은 자들로 발견되지 않으려 함이라 참으로 이 장막에 있는 우리가 짐진 것같이 탄식하는 것은 벗고자 함이 아니요 오히려 덧입고자 함이니 죽을 것이 생명에 삼킨 바 되게 하려 함이라 곧 이것을 우리에게 이루게 하시고 보증으로 성령을 우리에게 주신 이는 하나님이시니라" 고후 5:1-5.

어떤 번역 성경들은 '보증'으로 번역된 헬라어를 '계약금'으로 번역하기도 한다. 이 말은 고대 그리스에서 상업 용어로 사용되었다. 오늘날 '계약금'이라는 용어는 주로 부동산 거래에 사용된다. 매물로 나온 집에 관심이 있어 계약을 하게 되면 매매업자는 이른바 '계약금'을 요구한다. 그들은 주택을 구매하겠다고 말만 하는 사람들과 괜히 시간만 허비하기를 원하지 않는다. 그들은 계약금을 지불하고 그 집을 꼭 살 생각이 있는 사람들을 원한다.

고린도후서 5장 5절에 사용된 '보증'이라는 말도 성령께서 우리를 거듭나게 하실 때 단지 영혼의 성향과 마음의 본성을 변화시키는 데 그치지 않으시고, 완전하고 최종적인 구원을 보증하기 위해 일종의 계약금을 치르신다는 뜻이다.

물건을 완전히 소유하려면 일정 기간 동안 할부금을 지불해야 한다. 물론 계약을 하고 몇 차례 돈을 지불한 뒤에도 계약이 취소되는 경우도 많다. 때로 계약 조건을 어겼다는 이유로 주택이나 자동차 소유권을 **빼앗기기도** 한다. 처음 계약금을 지불할 때는 전액 지불을 완수하겠다고 약속하지만 항상 그 약속이 지켜지는 것은 아니다.

그러나 하나님이 무엇인가에 계약금을 지불하셨다면, 그분의 말씀이 곧 그 계약금에 해당한다. 하나님은 전액을 다 지불하겠다고 약속하신다. 이것이 바울이 사용한 '보증'이라는 용어의 의미다. 성령께서 우리를 거듭나게 하실 때는 우리의 마음과 영혼과 의지를 변화시키는 데 그치지 않으시고, 친히 보증이 되어 온전한 구원의 실현을 약속하신다.

"지금은 구원받았지만 앞으로 구원을 잃을지도 모른다."라고 말하는 사람은 이 사실을 간과하는 것이다. 그런 생각은 하나님이 친히 시작하신 일을 끝까지 매듭지으신다는 성경의 진리를 무시하는 것이다. 하나님이 계약금을 지불하셨다면, 나머지도 온전히 지불될 것이다. 이것이 구원 확신의 확실한 토대다.

### 왕이신 하나님의 인장印章

이번에는 고린도후서 1장에서 또 다른 예를 하나 더 살펴보자.

"내가 이 확신을 가지고 너희로 두 번 은혜를 얻게 하기 위하여 먼저 너희에게 이르렀다가 너희를 지나 마게도냐로 갔다가 다시 마게도냐에서 너희에게 가서 너희의 도움으로 유대로 가기를 계획하였으니 이렇게 계획할 때에 어찌 경솔히 하였으리요 혹 계획하기를 육체를 따라 계획하여 예 예 하면서 아니라 아니라 하는 일이 내게 있겠느냐 하나님은 미쁘시니라 우리가 너희에게 한 말은 예 하고 아니라 함이 없노라 우리 곧 나와 실루아노와 디모데로 말미암아 너희 가운데 전파된 하나님의 아들 예수 그리스도는 예 하고 아니라 함이 되지 아니하셨으니 그에게는 예만 되었느니라 하나님의 약속은 얼마든지 그리스도 안에서 예가 되니 그런즉 그로 말미암아 우리가 아멘 하여 하나님께 영광을 돌리게 되느니라" 고후 1:15-20.

바울은 여기에서 무엇을 말하고 있는 것일까? 그는 하나님의 약속은 절대 번복되는 법이 없다고 말하고 있다. 하나님은 "그래."라고 했다가 "아니다."라고 말씀하지 않으신다. 그분의 약속은 확고하다. 왜냐하면 거룩하고 신실하신 하나님이 하신 약속이기 때문이다.

바울은 그렇게 말하고 나서 이렇게 말했다.

"우리를 너희와 함께 그리스도 안에서 굳건하게 하시고 우리에게 기름을 부으신 이는 하나님이시니 그가 또한 우리에게 인치시고 보증으로 우리 마음에 성령을 주셨느니라" 고후 1:21-22.

여기에서 성령의 보증이 또다시 언급되었다. 그러나 우리에게는 성령의 보증만이 아니라 '성령의 인치심'이 주어졌다 바울은 에베소서에서도 이 사상을 재차 언급했다. '인'을 뜻하는 헬라어는 '스프라기스' *sphragis*다.

군주의 다양한 관습을 보여 주는 중세 시대의 생활상을 극화한 영화를 본 적이 있을 것이다. 왕은 온 나라에 칙령을 발효할 때 거기에 인장을 찍는다. 인장은 곧 왕의 서명이다. 왕은 일정한 문양이나 형태가 새겨진 반지로 서명을 대신한다. 문서나 포고문 또는 칙령에 왕의 인장이 찍혀 있다면, 그것들이 어명이라는 부인할 수 없는 증거다.

바울은 앞서 인용한 고린도후서 말씀을 통해 우주의 왕이신 하나님이 선택받은 모든 사람의 영혼에 지울 수 없는 표시를 새겨 놓으셨다고 증언했다. 하나님은 우리에게 확실한 보증을 허락하셨을 뿐 아니라, 구원의 날까지 우리에게 인을 치셨다.

### 성령의 내적 증언

마지막으로, 우리는 로마서 8장에서 많은 위로가 되는 말씀을 발견할 수 있다.

"무릇 하나님의 영으로 인도함을 받는 사람은 곧 하나님의 아들이라 너희는 다시 무서워하는 종의 영을 받지 아니하고 양자의 영을 받았으므로 우리가 아빠 아버지라고 부르짖느니라 성령이 친히 우리의 영과 더불어 우리가 하나님의 자녀인 것을 증언하시나니 자녀이면 또한 상속자 곧 하나님의 상속자요 그리스도와 함께한 상속자니 우리가 그와 함께 영광을 받기 위하여 고난도 함께 받아야 할 것이니라" 롬 8:14-17.

우리의 마음과 삶을 유심히 살펴 성령의 열매 갈 5:22-24 가 있는지 또 삶이 얼마나 변화되었는지를 파악하려고 할 때는, 우리의 안팎에서 일어나고 있는 일을 솔직히 평가해야 한다. 물론 구원 확신의 토대는 궁극적으로 성령의 내적 증거에서 비롯한다. 그 이유는 성령께서 우리의 영과 더불어 우리 안에서 하나님의 자녀인 것을 증언하시기 때문이다.

이런 증언이 악한 영이 아니라 성령으로부터 비롯한다는 것을 어떻게 알 수 있을까? 성령께서는 어떤 방법으로 우리 안에서 우리가 하나님의 자녀라고 증언하실까?

성령께서는 말씀을 통해 우리에게 증언하셨다. 말씀에서 멀어질수록 우리의 확신은 더욱 줄어들 것이다. 하나님의 말씀 안에 더 많이 거할수록 영감을 주어 성경을 기록하게 하셨을 뿐 아니라, 기록된 말씀을 깨닫게 하시는 성령께서 말씀을 통해 우리가 진정으로 하나님의 것이라는 사실, 곧 우리가 그분의 자녀라는 사실을 더욱 분명하게 확신할 수 있게 도와주신다.

**저자 소개**
# R.C. 스프로울은 누구인가?

**저자 소개**

R. C. 스프로울 R. C. Sproul

스프로울의 평생의 사명은, 어렵다는 편견에 의해 우리 곁에서 멀어져 있던 신학을 일반인들의 삶 속에 끌고 들어오는 것이다. 그는 개혁주의 신학계를 이끄는 저명한 신학자로 심오한 진리들을 쉽게 설명하는 글과 강의로 유명하다. 스프로울은 딱딱하게 들리던 성경 교리를 명쾌한 논리와 적절한 예화로 풀어 성경 말씀이 주일 예배뿐 아니라 나머지 6일의 삶과 떨어질 수 없게 연결고리를 만들어 준다.

스프로울은 어릴 때부터 "왜?"라는 질문이 가득했다. 제2차 세계대전 중 태어난 그는 사람들이 왜 어리석은 전쟁을 하는지 의아했고, 16살 때 아버지가 돌아가시자 과연 인생은 무엇인지 해답을 찾지 못해 방황했다. 대학에서 친구가 그에게 예수님을 전했을 때 그는 '왜' 예수를 믿어야 하는지 해답을 찾기 위해 성경을 읽기 시작했다. 그리고 지금까지 찾던 모든 문제에 대한 확실한 답이 성경에 있는 것을 알게 되었다. 세상은 회의투성이였다. 어쩌다 확신 있는 대답을 찾은 것 같아도 조금만 살펴보면 모순투성이인 말장난에 불과했다. 그러나 성경은 구석구석이 진리였다. 그러다 그에게 마지막 한 가지 "왜?"라는 질문이 떠올랐다. 왜 사람들은 이렇게 확실한 진리인 성경을 믿지 않는 걸까?

사람들이 성경의 진리에 의심을 품는 이유를 알아보기 위

WHO IS R.C. SPROUL?

해 그는 많은 철학자들의 책을 섭렵했다. 모두 나름대로 통찰을 담고 있었지만, 또 다른 철학에 의해 무너지는 쳇바퀴 같았다. 어느 것도 성경만큼 확실한 대답을 주지 못했다. 그래서 대학교 졸업 후 신학교에 들어갔지만, 이번에는 그곳에서 갖가지 신학 이론과 성경의 신빙성에 대한 회의에 부딪혔다. 그러나 스프로울은 흔들리지 않고 오히려 성경에 대한 회의의 답을 찾아가며, 더욱더 확신 있는 복음주의자가 되었다.

그는 많은 그리스도인들이 이해되지 않는 모순적인 대답을 갖고 편안하게 느끼는 안일함에 놀란다. 그는 사람들이 성경 말씀을 자세히 공부하지 않고 잘못된 추측 안에서 하나님의 의도를 오해하며 사는 무감각을 경계하게 한다.

낙스신학대학교 등 여러 주요 신학교에서 신학과 변증학 교수로 재직했으며 현재는 플로리다주에 위치한 세인트 앤드류 채플 St. Andrews Chapel의 담임목사로서 말씀을 전하고 있다. 70여 권의 책을 저술했으며, 리고니어 선교회와 '마음을 새롭게 함으로' Renewing Your Mind라는 라디오 방송을 통해 기독교의 진리를 일반인들에게 알리려는 노력을 계속하고 있다. 1994년 『크리스채너티투데이』의 비평가들이 뽑은 '신앙생활에 가장 큰 영향을 준 학자' 3위로 뽑혔다.

함께 읽으면 좋은 책

## 혼란스러운 때일수록
## 뿌리Radix로 돌아가라!

확실한 진리인 성경이 있음에도 피상적인 지식에 안주하면 본질을 잃은 신앙생활을 하기 쉽습니다. 본질을 잃은 신앙은 쓰나미같이 몰려오는 세상의 가치관에 대항할 힘을 잃게 만듭니다.

R.C. 스프로울은 어려운 주제를 쏙쏙 이해할 수 있도록 설명할 줄 아는 세계적인 신학자입니다. 그는 많은 그리스도인들이 눈에 뻔히 보이는 모순들에 휘둘리는 것은 하나님과 성경에 대해 바른 관점을 갖고 있지 않기 때문이라고 말합니다. 신학은 알 필요가 있느냐 없느냐의 문제가 아니며, 반드시 모든 성도들이 건전한 신학을 통해 진리를 바로 알고 삶의 모든 부분에 연결하여 살아야 한다고 말합니다.

기독교의 진리를 바로 알 수 있는 핵심적인 질문들(Crucial Questions)의 답을 찾아가며 신앙의 '뿌리'(Radix)부터 튼튼히 쌓아나가 하나님에 대한 건전한 관점으로 세상을 살아갈 수 있도록 생명의말씀사에서는 R.C. 스프로울 Radix Books를 발간합니다.

### 라딕스북스 R.C. 스프로울

**01 예수는 누구인가?** Who is Jesus?

예수는 역사적 인물인가? 신화인가? 아니면 육체를 입고 온 하나님인가? 알지 못하는 예수님을 믿을 수는 없다. 우리는 사람들이 끼워 만든 그리스도, 타협이 낳은 그리스도가 아닌 진짜 예수를 알아야 한다.

**02 기도하면 정말 달라질까?** Does Prayer Change Things?

기도하면 어디까지 응답되는 걸까? 기도는 왜 해야 하지? 어떻게 해야 잘하는 거지? 이 모든 의문에 명쾌한 답변을 해주는 이 책은 기도의 본질을 깨닫게 하며, 기도의 핵심을 짚어 준다.

**03 하나님의 뜻을 알 수 있을까?** Can I Know God's Will?

하나님의 뜻을 따라 살기를 갈망하는가? 하나님의 뜻과 사람의 뜻, 그리고 내 직업과 결혼에 관한 실제적인 하나님의 뜻까지! 매일의 결정에서 하나님의 뜻을 발견하고 적용할 수 있는 가이드라인을 제시한다.

**04 죄, 어떻게 해야 할까?** What Can I Do with My Guilt?

회개했는데도 죄책감 때문에 죄 사함 받았다는 사실이 받아들여지지 않는가? 이 책은 죄와 죄책감, 죄 사함과 죄 사함 받은 느낌을 구분하게 하여 하나님의 진리를 따라 그 해결책을 찾도록 돕는다.

**05 거듭남이란 무엇인가?** What Does It Mean to Be Born Again?

당신은 거듭났는가? 거듭났다면 구체적으로 무엇을 통해 알 수 있는가? 인간이 하나님으로부터 받을 수 있는 가장 큰 선물인 거듭남, 곧 중생에 대해 알려 주는 이 책은 하나님의 사랑과 자비, 새 생명의 권능을 누리게 해준다.

## 사명선언문

너희가 흠이 없고 순전하여……세상에서 그들 가운데 빛들로
나타내며 생명의 말씀을 밝혀 _ 빌 2:15-16

**1. 생명을 담겠습니다**
만드는 책에 주님 주신 생명을 담겠습니다.
그 책으로 복음을 선포하겠습니다.

**2. 말씀을 밝히겠습니다**
생명의 근본은 말씀입니다.
말씀을 밝혀 성도와 교회의 성장을 돕겠습니다.

**3. 빛이 되겠습니다**
시대와 영혼의 어두움을 밝혀 주님 앞으로 이끄는
빛이 되는 책을 만들겠습니다.

**4. 순전히 행하겠습니다**
책을 만들고 전하는 일과 경영하는 일에 부끄러움이 없는
정직함으로 행하겠습니다.

**5. 끝까지 전파하겠습니다**
모든 사람에게, 땅 끝까지, 주님 오시는 그날까지
복음을 전하는 사명을 다하겠습니다.

## 서점 안내

**광화문점**  서울시 종로구 새문안로 69 구세군회관 1층
02)737-2288 / 02)737-4623(F)

**강남점**  서울시 서초구 신반포로 177 반포쇼핑타운 3동 2층
02)595-1211 / 02)595-3549(F)

**구로점**  서울시 동작구 시흥대로 602, 3층 302호
02)858-8744 / 02)838-0653(F)

**노원점**  서울시 노원구 동일로 1366 삼봉빌딩 지하 1층
02)938-7979 / 02)3391-6169(F)

**일산점**  경기도 고양시 일산서구 중앙로 1391 레이크타운 지하 1층
031)916-8787 / 031)916-8788(F)

**의정부점**  경기도 의정부시 청사로47번길 12 성산타워 3층
031)845-0600 / 031)852-6930(F)

**인터넷서점**  www.lifebook.co.kr